Kirstin Jebautzke

Führerschein: Verkehrserziehung

Persen Verlag

Die Autorin Kirstin Jebautzke

ist erfahrene Grundschullehrerin aus Schleswig-Holstein
und Autorin zahlreicher Veröffentlichungen.

Hinweis

Die beiliegenden Führerscheine können Sie als Klassensatz unter der ISBN 978-3-8344-23114-1 nachbestellen.

Gedruckt wird auf umweltbewusst gefertigtem, chlorfrei gebleichtem und alterungsbeständigem Papier.

1. Auflage 2011

Grafik: Julia Flasche
Satz: Satzpunkt Ursula Ewert GmbH

ISBN: 978-3-403-**23113**-4

www.persen.de

Inhaltsverzeichnis

Einleitung

„Sicher im Straßenverkehr" – diese Forderung ist seit den 1950er-Jahren in den verschiedenen Lehrplänen und Richtlinien der Bundesländer verankert. Dabei geht es um mehr als die Vermittlung von Verkehrsregeln oder das Wissen um Verkehrszeichen. Wichtig ist es, die Kinder zu aufmerksamen und umsichtigen Verkehrsteilnehmern auszubilden, denn nur so können sie sicher und gesund am Straßenverkehr teilnehmen. Dazu zählt neben dem Faktenwissen auch das Bewusstsein um das soziale und umweltbewusste Verhalten im Straßenverkehr.

Das neue Schlagwort hierfür heißt „Mobilitätsbildung" und versteht sich als Sicherheits-, Gesundheits-, Sozial- und Umwelterziehung.

Den vorliegenden **„Verkehrserziehungs-Führerschein" erwirbt man, nachdem man eine Prüfung abgelegt** und **diese erfolgreich bestanden hat**. Das grundlegende Wissen wird im Unterricht vermittelt – zunächst in der Theorie, aber vor allem auch in der Praxis. Unterrichtsgänge sind hier besonders wichtig und empfehlenswert. Die lokale Polizei und natürlich auch die Verkehrswacht unterstützen auf Anfrage gern bei der Planung und Durchführung einer Unterrichtsreihe oder eines Projektes.

Insbesondere die Vermittlung der Theorie scheint einigen Kindern überflüssig.
Der Verkehrserziehungs-Führerschein soll die Motivation steigern, sich damit zu beschäftigen.
Wie später auch beim Erwerb des „richtigen" Führerscheins sollen die Kinder anhand von Übungen ihr Wissen überprüfen und ggf. auch erweitern, bevor es dann zur eigentlichen Prüfung geht.

Den Verkehrserziehungs-Führerschein kann jedes Kind in Bronze, Silber und Gold erlangen.

Die **Bronze-Prüfung** kann bereits im Verlauf der zweiten Klasse abgelegt werden.
Hier geht es vor allem um das Verhalten im Straßenverkehr als Fußgänger.

Die **Silber-Prüfung** richtet sich in erster Linie an Drittklässler. Die Nutzung des Fahrrades ist für viele Kinder zu diesem Zeitpunkt bereits selbstverständlich und das praktische Wissen soll durch die theoretische Beschäftigung vertieft werden.

Für die Schülerinnen und Schüler der vierten Klasse ist die **Gold-Prüfung** konzipiert.
Insbesondere die Rolle des Fahrradfahrers steht bei der Regelvermittlung im Vordergrund, aber durchaus auch die Bewusstmachung, wie man sich in besonderen Situationen richtigerweise verhalten sollte oder welche Vorteile die Nutzung bestimmter Verkehrsmittel hat.

Einleitung

Die Arbeitsblätter sind so angelegt, dass jedes Kind die Aufgaben selbstständig bearbeiten kann. Nicht alle Kinder müssen jedes Blatt zur gleichen Zeit bearbeiten und auch nicht jedes Kind muss jedes Blatt erhalten. Entsprechend der Lernausgangslage können die Arbeitsblätter auch in der Freiarbeit (an Stationen, in Lernwerkstätten ...) oder als Hausaufgabe erledigt werden.

Die optimale Arbeitsweise mit dem vorliegenden Material wäre es, wenn die Kinder die Arbeitsblätter individuell bearbeiten und sich dann „freiwillig" zur Prüfung melden, wenn sie das Gefühl haben, dass sie die entsprechenden Voraussetzungen erreicht haben.

Die Prüfungen werden jeweils doppelt angeboten. Die **erste Prüfung** kann als „Übungs-Prüfung" (= **Generalprobe**) genutzt werden, bevor die **„richtige" Prüfung** (in **Bronze**, **Silber** oder **Gold**) durchgeführt wird.

Einen Verkehrs-Führerschein ohne praktische Übung sollte es nicht geben. Deshalb sollten neben dem Bearbeiten der Arbeitsbögen und dem Ablegen der (theoretischen) Prüfungen viele „lebenspraktische Übungen" in den Unterricht einfließen. Anfangs reicht dafür ein Gang in der Schulumgebung aus, eventuell lässt sich auch ein Verkehrsübungsplatz in der Nähe der Schule besuchen. Spätestens nach Abschluss der Silber-Prüfung sollte (mit Unterstützung durch Eltern) durchaus auch eine praktische Erprobung mit dem Fahrrad erfolgen. **Nur durch die Umsetzung im Straßenverkehr wird den Kindern bewusst werden können, welche Bedeutung das Lernen für ihr tägliches Verhalten im Straßenverkehr hat.**

Ich hoffe, Sie können die Arbeitsblätter gewinnbringend im Unterricht einsetzen, und wünsche allen viel Erfolg und Spaß damit!

Bronze-Training (1)

Schau genau!

Erkennst du das Schattenbild?
Verbinde.

Was gehört zusammen?
Verbinde.

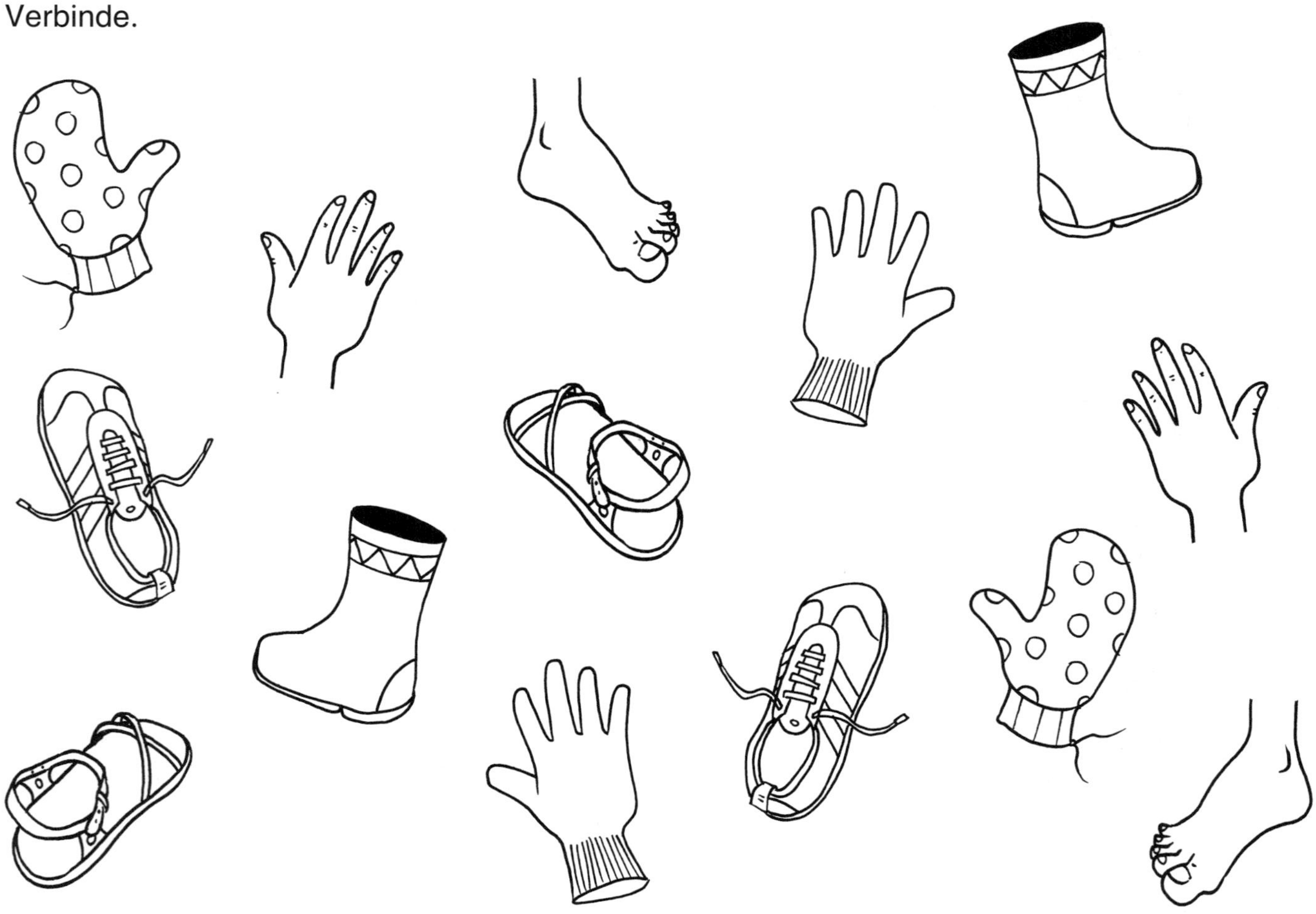

Bronze-Training (2)

Rechts oder links?

Kreuze das richtige Feld an.

○ l

○ r

○ l

○ r

○ l

○ r

○ l

○ r

○ l

○ r

○ l

○ r

○ l

○ r

○ l

○ r

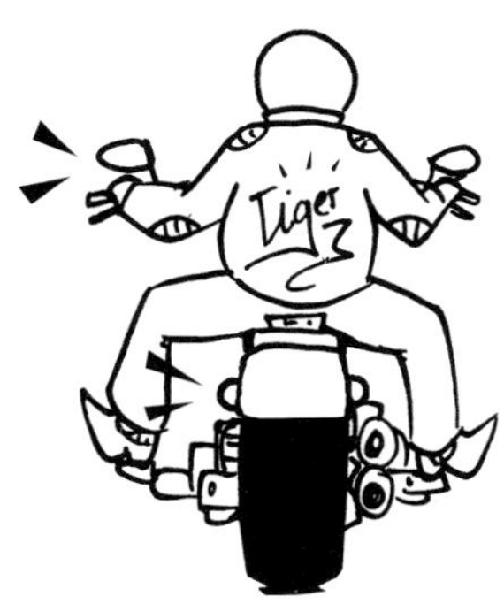

○ l

○ r

○ l

○ r

Sehen und gesehen werden

Helle Farben – dunkle Farben.
Male die Kästchen in verschiedenen Farben an.

helle Farben

dunkle Farben

Was hilft, damit du in der Dunkelheit besser gesehen wirst?
Kreuze an.

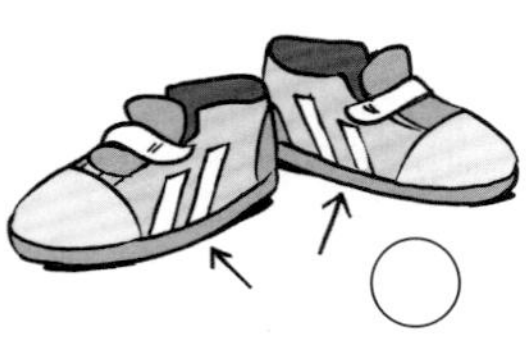

Male die Kinder so an, dass sie gut in der Dunkelheit gesehen werden.

Bronze-Training (4)

Verkehrszeichen

Erkennst du die Schilder? Verbinde die richtigen Felder.

Welches Schild steht hier? Kreuze das richtige Schild an.

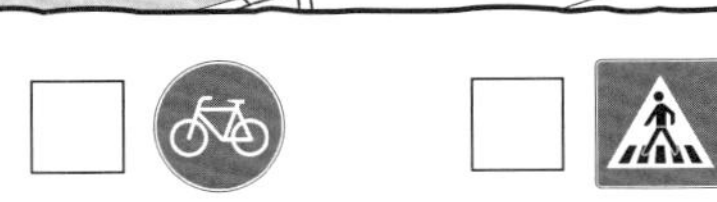

Bronze-Training (5)

Die Ampel

Leuchtet die Ampel rot oder grün?
Male richtig an.

Bronze-Training (6)

Sicher die Straße überqueren

Bringe die Bilder in die richtige Reihenfolge.
Nummeriere von ①–⑥.

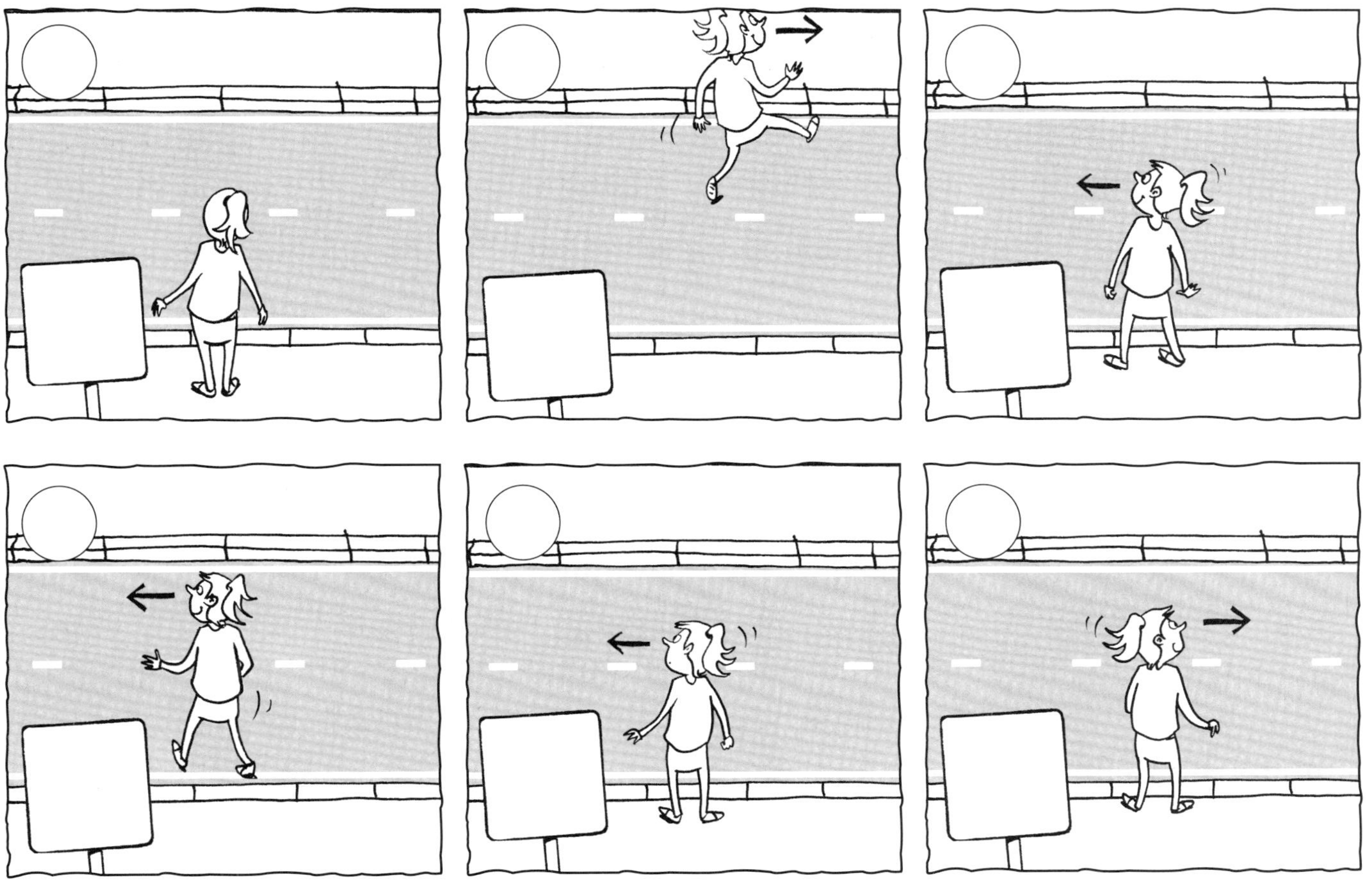

Lies die Sätze und ordne sie den Bildern zu.

A Bleibe am Bordstein stehen.

B Schau zuerst nach links.

C Schau nach rechts.

D Schau noch einmal nach links – alles frei?

E Überquere die Straße bis zur Straßenmitte. Schau dabei nach links.

F Schau ab der Straßenmitte nach rechts. Überquere zügig die Straße.
Gehe auf dem Fußweg weiter.

Unterwegs mit Auto oder Bus

Verhalten sich Leonie und Max richtig oder falsch ?
Kreuze an.

Bronze-Training (8)

BRONZE

Verkehrssituationen

Richtig oder falsch?
Kreuze die richtige Aussage an.

❶ Du gehst jeden Morgen zu Fuß in die Schule.
Was kannst du tun, damit Autofahrer dich besser sehen?

- [A] Ich trage eine große Fahne oder einen großen Luftballon.
- [B] Ich ziehe helle, auffällige Kleidung an – am besten mit Reflektoren.
- [C] Ich singe oder pfeife sehr laut, damit mich die Autofahrer auch gut hören können.

❷ Du bist mit deinen Inline-Skates unterwegs.
Wo darfst du mit deinem Sportgerät im Straßenverkehr fahren?

- [A] Ich darf dort fahren, wo auch Radfahrer fahren dürfen: auf der Straße und auf dem Radweg.
- [B] Ich muss auf Gehwegen fahren und muss darauf achten, dort niemanden zu gefährden oder zu verletzen.
- [C] Ich kann überall fahren, wo ich will.

❸ Du spielst mit einem Freund vor eurem Haus Ball.
Einmal fliegt der Ball zu hoch, du kannst ihn nicht fangen und der Ball rollt auf die Straße. Was machst du?

- [A] Ich laufe zur Straße, bleibe an der Bordsteinkante stehen und schaue, ob die Straße frei ist. Ich verhalte mich so, wie ich es für die Überquerung der Straße gelernt habe und kann so den Ball zurückholen.
- [B] Ich renne schnell hinter dem Ball her – vielleicht bekomme ich ihn noch, bevor er auf die Straße rollt.
- [C] Ich schlage meinem Freund vor, etwas anderes zu spielen.

❹ Du machst mit deiner Familie einen Ausflug mit dem Auto.
Wann darfst du ohne Kindersitz mitfahren und den Gurt der Erwachsenen anlegen?

- [A] Wenn alle Plätze schon besetzt sind und ich nur auf diese Weise mitkommen kann.
- [B] Wenn wir auf den Parkplatz fahren, also fast am Ziel sind.
- [C] Wenn ich größer als 1,50 m bin oder bereits 12 Jahre alt.

❺ Du bist mit dem Auto unterwegs.
Du sitzt im Kindersitz (hinten) im Auto und willst aussteigen.
Auf welcher Seite steigst du am sichersten aus?

- [A] Ich steige dort aus, wo meine Mutter/mein Vater mir die Tür aufmacht.
- [B] Ich klettere auf den Fahrersitz und steige dann durch die Fahrertür aus.
- [C] Ich steige, wenn möglich, immer auf der Beifahrerseite (also rechts) aus. Beim Aussteigen achte ich darauf, dass kein Radfahrer oder Fußgänger kommt.

Name: ______________________________

BRONZE

Bronze-Prüfung – Generalprobe

❶ Kreuze an, wer nach links fährt oder nach links zeigt.

○ ○ ○ ○ ○

❷ Diese Ampeln zeigen an, dass man NICHT fahren oder gehen darf.
Male sie entsprechend an.

❸ Kreuze an, wie diese Schilder heißen.

- ☐ Verkehrsberuhigter Bereich
- ☐ Fußgängerweg
- ☐ Getrennter Radweg und Fußgängerweg

- ☐ Fußgängerweg, für Radfahrer freigegeben
- ☐ Getrennter Radweg und Fußgängerweg
- ☐ Gemeinsamer Fußgängerweg und Radweg

- ☐ Fußgängerweg
- ☐ Verkehrshelfer
- ☐ Fußgängerüberweg

Name: ______________________________ BRONZE

Bronze-Prüfung – Generalprobe

❹ Richtiges oder falsches Verhalten? Trage ein.

❺ Schreibe die Ziffern von 1–6 in der richtigen Reihenfolge an die Bilder.

Name: ______________________________

Die Bronze-Prüfung

❶ Kreuze an, wer nach rechts fährt oder nach rechts zeigt.

○ ○ ○ ○ ○

❷ Verbinde die Abbildungen der Verkehrszeichen mit ihrer Bezeichnung.

Fußgängerweg | Radweg | Verkehrsberuhigter Bereich

Gemeinsamer Fußgängerweg und Radweg | Fußgängerüberweg | Getrennter Radweg und Fußgängerweg

Name: ____________________

Die Bronze-Prüfung

❸ Schreibe die Ziffern von 1–6 in der richtigen Reihenfolge an die Sätze.

So überquerst du sicher die Straße:

◯ Schau ab der Straßenmitte nach rechts.
Überquere zügig die Straße.
Gehe auf dem Fußweg weiter.

◯ Schau zuerst nach links.

◯ Schau noch einmal nach links – alles frei?

◯ Bleibe am Bordstein stehen.

◯ Überquere die Straße bis zur Straßenmitte.
Schau dabei nach links.

◯ Schau nach rechts.

❹ Kreuze nur die Sätze an, die RICHTIG sind.

- ☐ Auf dem Schulweg ziehe ich auffällige Kleidung mit Reflektoren an, damit mich die Autofahrer gut sehen können.
- ☐ Wenn ich mit Inline-Skates unterwegs bin, kann ich überall damit fahren, wo ich will.
- ☐ Ich darf nur ohne Kindersitz im Auto fahren, wenn ich größer als 1,50 m oder bereits 12 Jahre alt bin. Ich muss mich immer anschnallen.
- ☐ Mit meinem Kickboard muss ich auf Gehwegen fahren und dort darauf achten, niemanden zu gefährden oder zu verletzen.

❺ Richtiges ☺ oder falsches ☹ Verhalten? Trage ein.

Kirstin Jebautzke: Führerschein: Verkehrserziehung

Silber-Training (1)

SILBER

Das verkehrssichere Fahrrad

Sind alle Teile benannt, die das Fahrrad verkehrssicher machen?
Kontrolliere die Liste – ergänze, wenn etwas fehlen sollte.

(1) Vorderradbremse	(2) Hinterradbremse
(3) Scheinwerfer mit weißem Reflektor	(4) Schlussleuchte mit rotem Rückstrahler
(5) Dynamo	(6) roter Reflektor (hinten)
(7) Speichenreflektoren/Reifenreflektoren	(8) Pedalreflektoren
( ) ______________	( ) ______________

Schreibe die passenden Ziffern in die Kreise.

Silber-Training (2)

Der Fahrradhelm

Welcher Helm sitzt richtig?
Kreuze an.

Richtig oder falsch?
Kreuze an.

	richtig	falsch
Ich setze beim Radfahren immer einen Helm auf.	☐	☐
Manchmal habe ich keine Zeit, den Kinnriemen an meinem Helm zu schließen. Das macht aber nichts.	☐	☐
Mein Helm ist etwas zu groß. Dafür kann ich ihn dann länger tragen.	☐	☐
Statt Helm trage ich manchmal mein Cap. Gerade im Sommer ist es mir zu warm für meinen Helm.	☐	☐
Ich schließe immer den Kinnriemen, weil der Helm nur so gut sitzt.	☐	☐
Die Ohren werden vom Helm nicht bedeckt, damit ich im Straßenverkehr gut hören kann.	☐	☐
Ich habe mir einen schwarzen Helm ausgesucht – wichtig ist, dass mir der Helm gut gefällt!	☐	☐
Mein Helm passt genau.	☐	☐
Wenn ich meinen Helm fest über die Ohren ziehe, werden sie auch im Wind nicht kalt.	☐	☐
Für kurze Strecken brauche ich den Helm nicht aufzusetzen.	☐	☐
Den Fahrradhelm trage ich auch beim Inline-Skaten.	☐	☐

Fahrrad-Check

Welcher Text gehört zu welchem Bild? Verbinde.

Die Kette darf nicht durchhängen.
Öle oder fette sie regelmäßig.

Beide Bremsen müssen immer gut funktionieren.
Kontrolliere die Bremsbeläge mindestens 2 × jährlich.

Überprüfe wöchentlich den Luftdruck in den Reifen.
Kontrolliere auch regelmäßig das Profil.

Sind alle Speichen in deinen Reifen fest? Überprüfe, ob alle Schrauben und Muttern fest angezogen sind.

Die Griffe sollen fest am Lenker sitzen und sollen nicht beschädigt sein.

Reinige dein Fahrrad regelmäßig, insbesondere die Scheinwerfer, die Schlussleuchte und alle Reflektoren.

Kontrolliere vor jeder Fahrt, ob das Licht an deinem Fahrrad leuchtet – vorn und hinten.

Sattelhöhe und Lenkradhöhe müssen immer wieder auf deine Größe eingestellt werden.

Überprüfe, ob du ein Fahrradschloss dabei hast, bevor du losfährst.

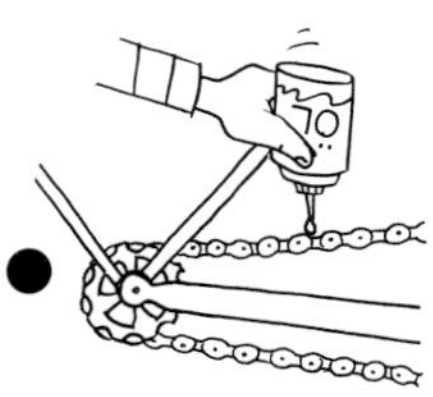

Silber-Training (4)

SILBER

Richtiges Anfahren

Bringe die Bilder in die richtige Reihenfolge.
Nummeriere von ①–⑤.

Lies die Sätze und ordne sie den Bildern zu.

A Schiebe das Fahrrad über den Gehweg.
Achte dabei auf den Verkehr auf dem Fußgängerweg.

B Stelle das Fahrrad in Fahrtrichtung an den rechten Fahrbahnrand.

C Achte darauf, dass ein Pedal oben, das andere unten ist.

D Schau dich über die linke Schulter nach hinten um – alles frei?
Gib mit der linken Hand Handzeichen.

E Nimm beide Hände an den Lenker und fahre los,
wenn die Fahrbahn frei ist. Halte deine Spur.

Silber-Training (5)

SILBER

Vorfahrt! – Diese Zeichen zeigen es an

Erkennst du die Verkehrszeichen? Kennst du auch ihre Bedeutung?
Verbinde die Schilder und die passende Erklärung.

Dieses Schild gibt an der nächsten Kreuzung oder Einmündung Vorfahrt, das heißt, die anderen Verkehrsteilnehmer müssen warten.

Dieses Zeichen gibt Vorfahrt. Es steht am Anfang einer Vorfahrtstraße und dann an jeder Kreuzung oder Einmündung und gilt so lange, bis es durch das Schild „Ende der Vorfahrtstraße" aufgehoben wird.

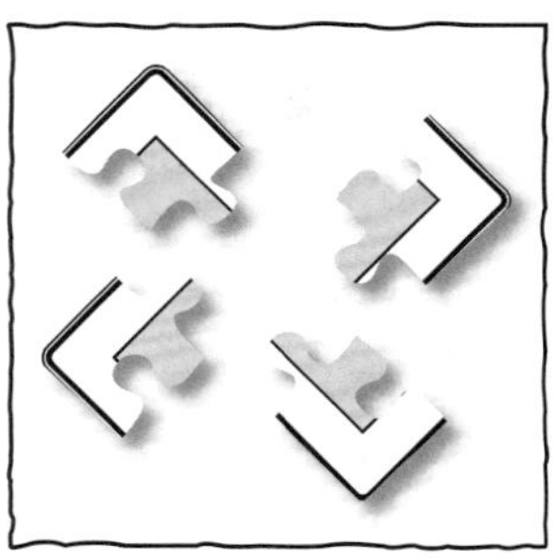

Dieses Schild vor Kreuzungen oder Einmündungen fordert dazu auf, den anderen Verkehrsteilnehmern Vorfahrt zu gewähren.

Dieses Schild steht an Kreuzungen oder Einmündungen. Es bedeutet: Unbedingt an der Haltelinie anhalten!

Dieses Schild bedeutet, dass an der nächsten Kreuzung oder Einmündung der Verkehr, der von der rechten Seite kommt, Vorfahrt hat.

SILBER

Silber-Training (6)

Wer hat Vorfahrt?

Schau dir die Verkehrssituationen genau an.
Trage dann die Ziffern von 1–3 ein, um die Reihenfolge zu bestimmen, in der die Verkehrsteilnehmer fahren dürfen.

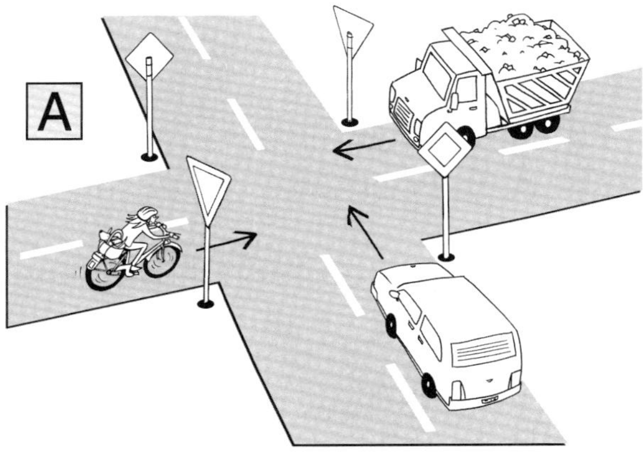

◯ Radfahrer ◯ LKW ◯ Auto

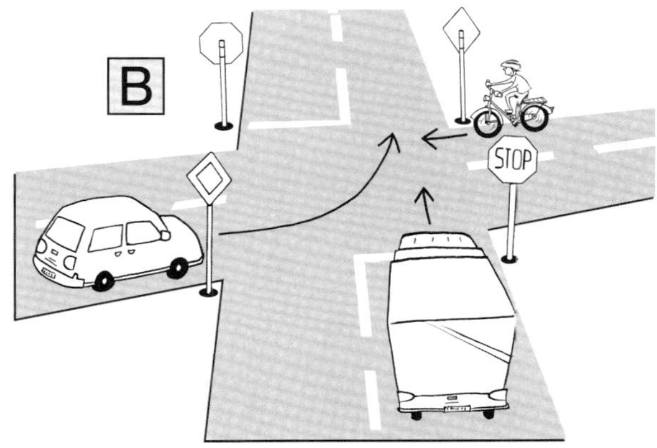

◯ Radfahrer ◯ LKW ◯ Auto

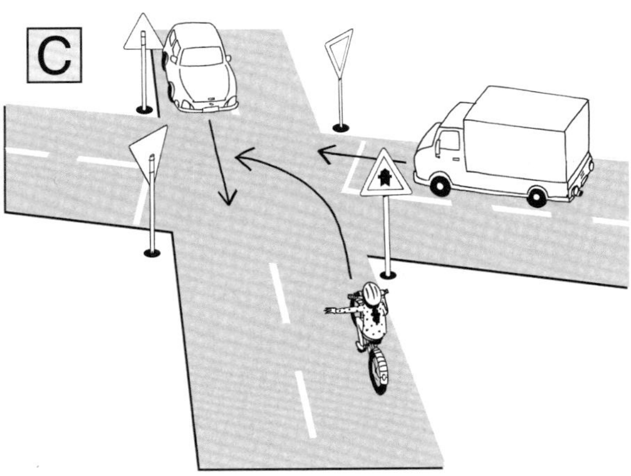

◯ Radfahrer ◯ LKW ◯ Auto

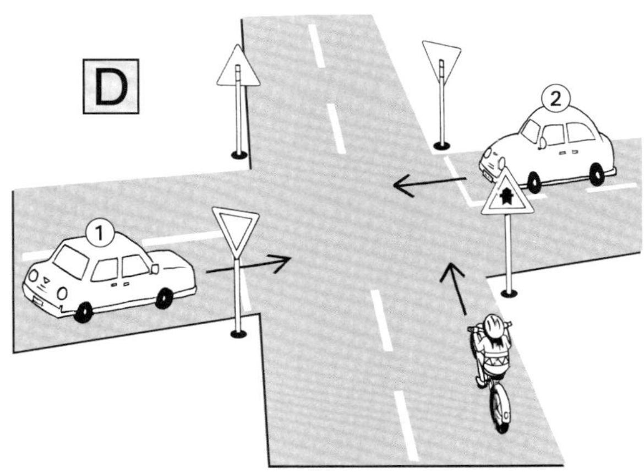

◯ Radfahrer ◯ Auto 1 ◯ Auto 2

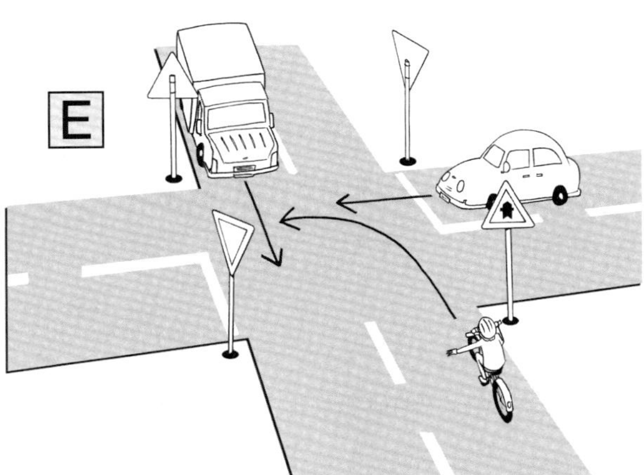

◯ Radfahrer ◯ LKW ◯ Auto

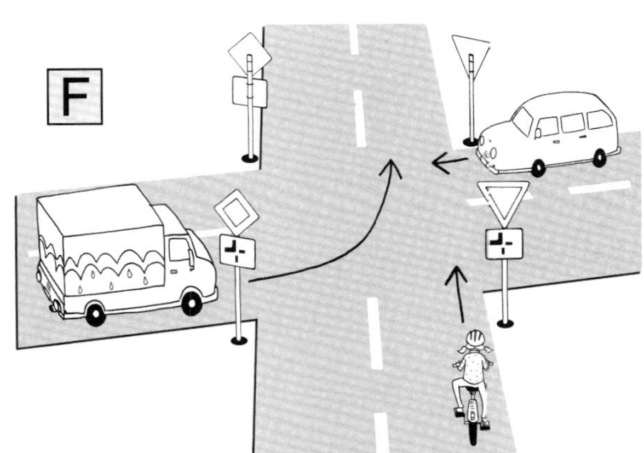

◯ Radfahrer ◯ LKW ◯ Auto

Silber-Training (7)

SILBER

Rechts vor links

Wer darf hier zuerst fahren?
Trage die Ziffern von 1–3 ein, um die Reihenfolge zu bestimmen, in der die Verkehrsteilnehmer fahren dürfen.

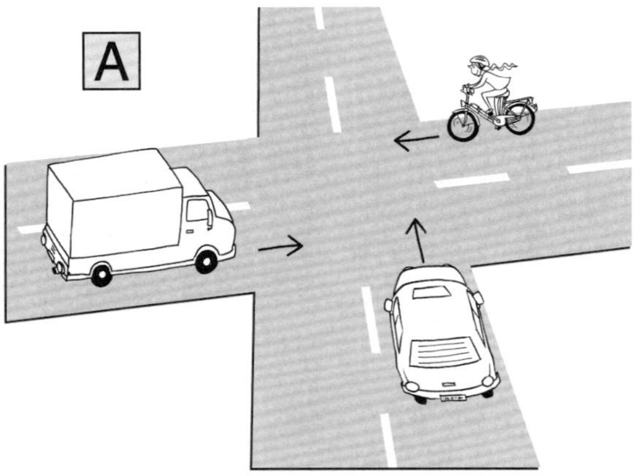

◯ Radfahrer ◯ LKW ◯ Auto

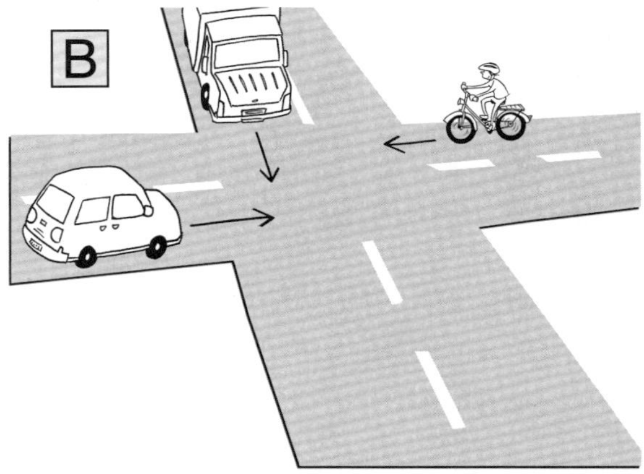

◯ Radfahrer ◯ LKW ◯ Auto

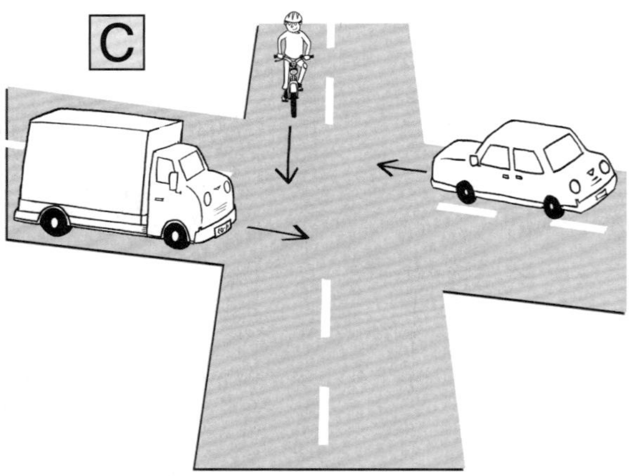

◯ Radfahrer ◯ LKW ◯ Auto

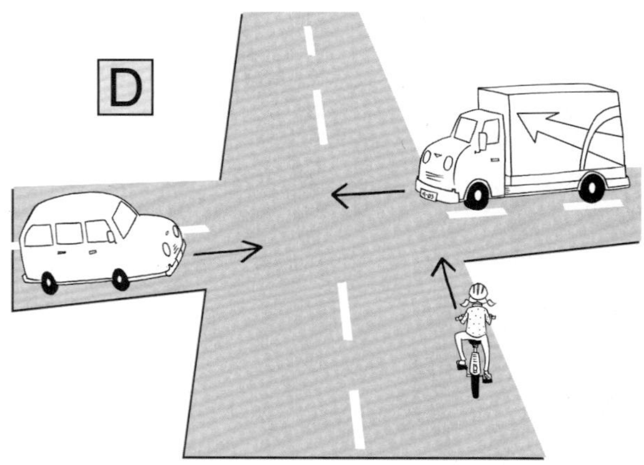

◯ Radfahrer ◯ LKW ◯ Auto

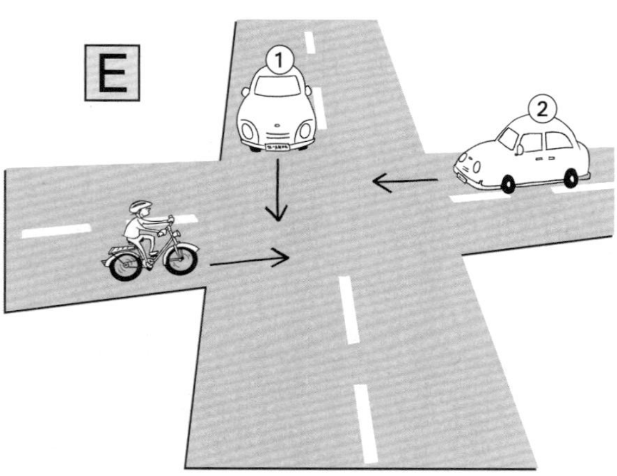

◯ Radfahrer ◯ Auto 1 ◯ Auto 2

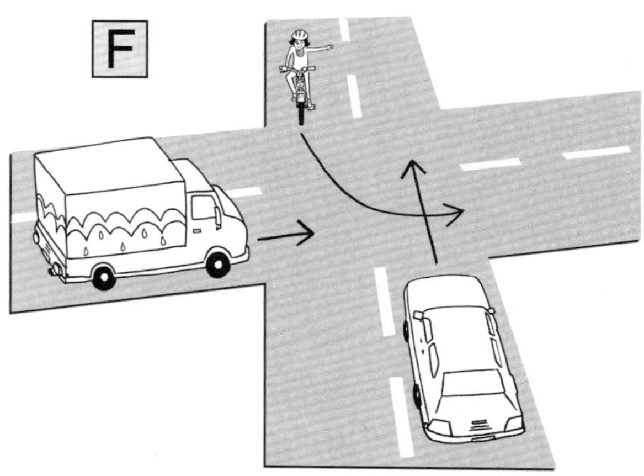

◯ Radfahrer ◯ LKW ◯ Auto

SILBER

Silber-Training (8)

Richtzeichen – Vorschriftzeichen – Gefahrzeichen

Verkehrszeichen erkennt man an ihrer Form und ihrer Farbe.
Die Form erkennst du hier – male sie auch in der richtigen Farbe an.

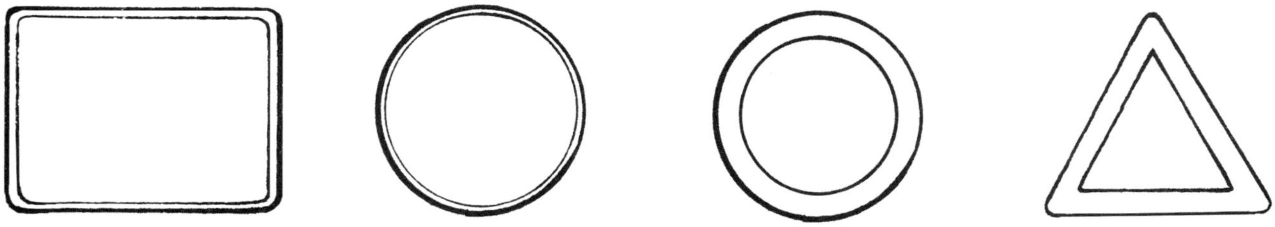

Richtzeichen	Vorschriftzeichen	Verbotzeichen	Gefahrzeichen
①	②	③	④

Ordne die Schilder in die richtige Gruppe ein.
Schreibe dazu in die Kreise die richtige Ziffer.

Name: ______________________________

Silber-Prüfung – Generalprobe

❶ Schreibe auf, wie die drei fehlenden Teile des Fahrrads heißen.

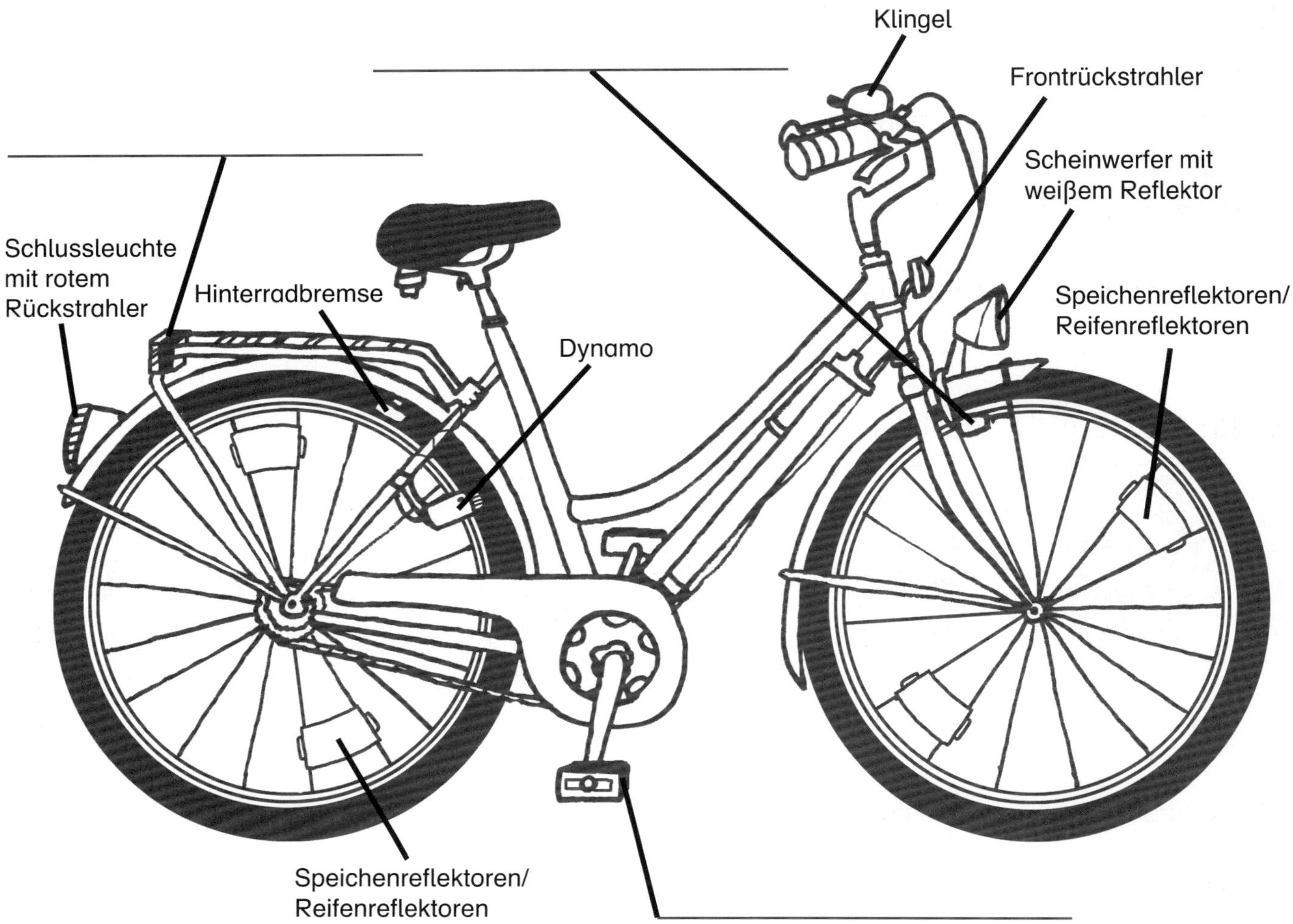

❷ Kreuze an, welche Aussagen zutreffen.

- ☐ Beim Radfahren reicht es aus, statt eines Fahrradhelms eine Mütze oder ein Cap zu tragen.
- ☐ Den Kinnriemen kann man wahlweise schließen oder geöffnet lassen.
- ☐ Die Ohren sollen vom Helm nicht bedeckt werden, damit man im Straßenverkehr gut hören kann.
- ☐ Beim Radfahren muss man immer einen Helm tragen.
- ☐ Ein Fahrradhelm sollte eine auffällige Farbe haben.

Name: ________________________________

Silber-Prüfung – Generalprobe

SILBER

❸ Kreuze an, welche Bedeutung die Schilder für Radfahrer haben.

Hier **darf** ich mit dem Rad fahren.					
Hier **muss** ich mit dem Rad fahren.					
Hier **darf** ich **nicht** mit dem Rad fahren.					

❹ Kreuze an, welche Schilder die Vorfahrt regeln.

☐

☐

☐

☐
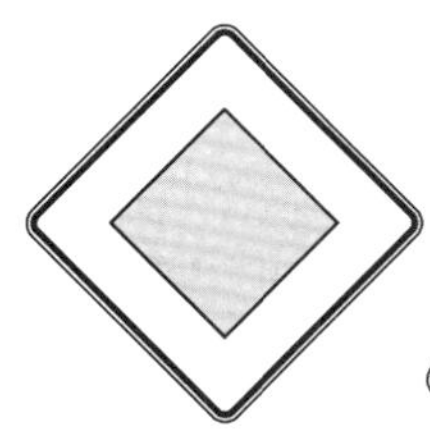
☐

☐

❺ Kreuze an, in welchen Bildern der Radfahrer Vorfahrt hat.

A

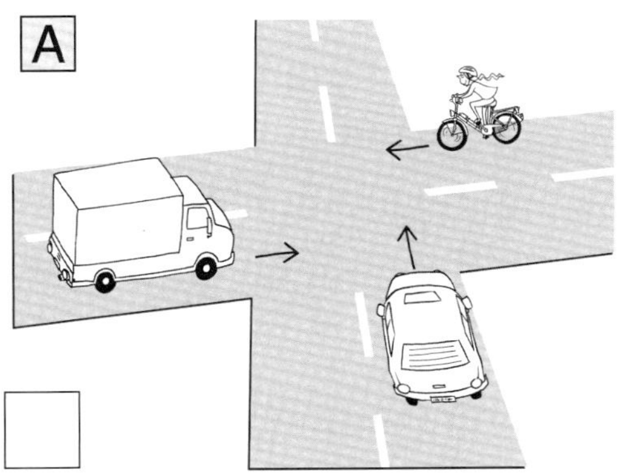

☐

B

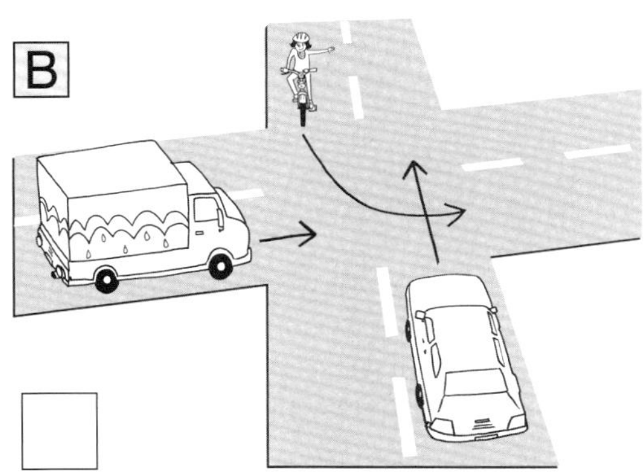

☐

C

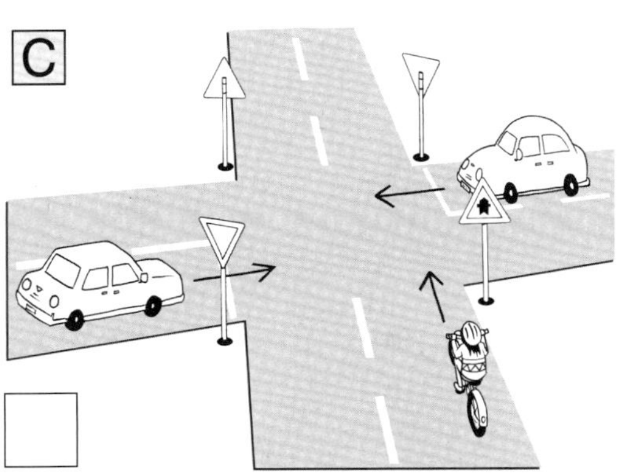

☐

D

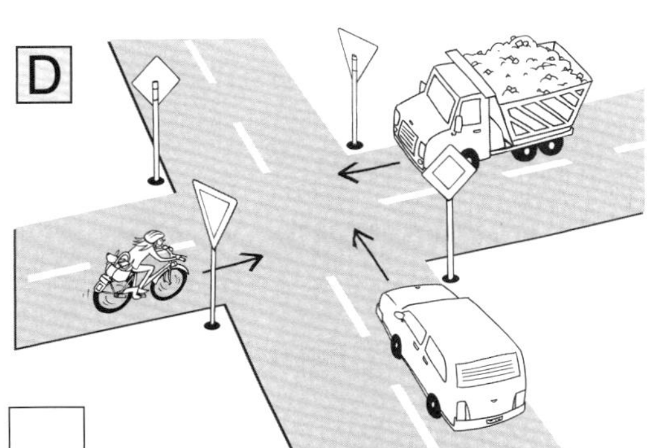

☐

Name: ______________________________

Silber-Prüfung

SILBER

❶ Schreibe auf, wie die drei fehlenden Teile des Fahrrads heißen.

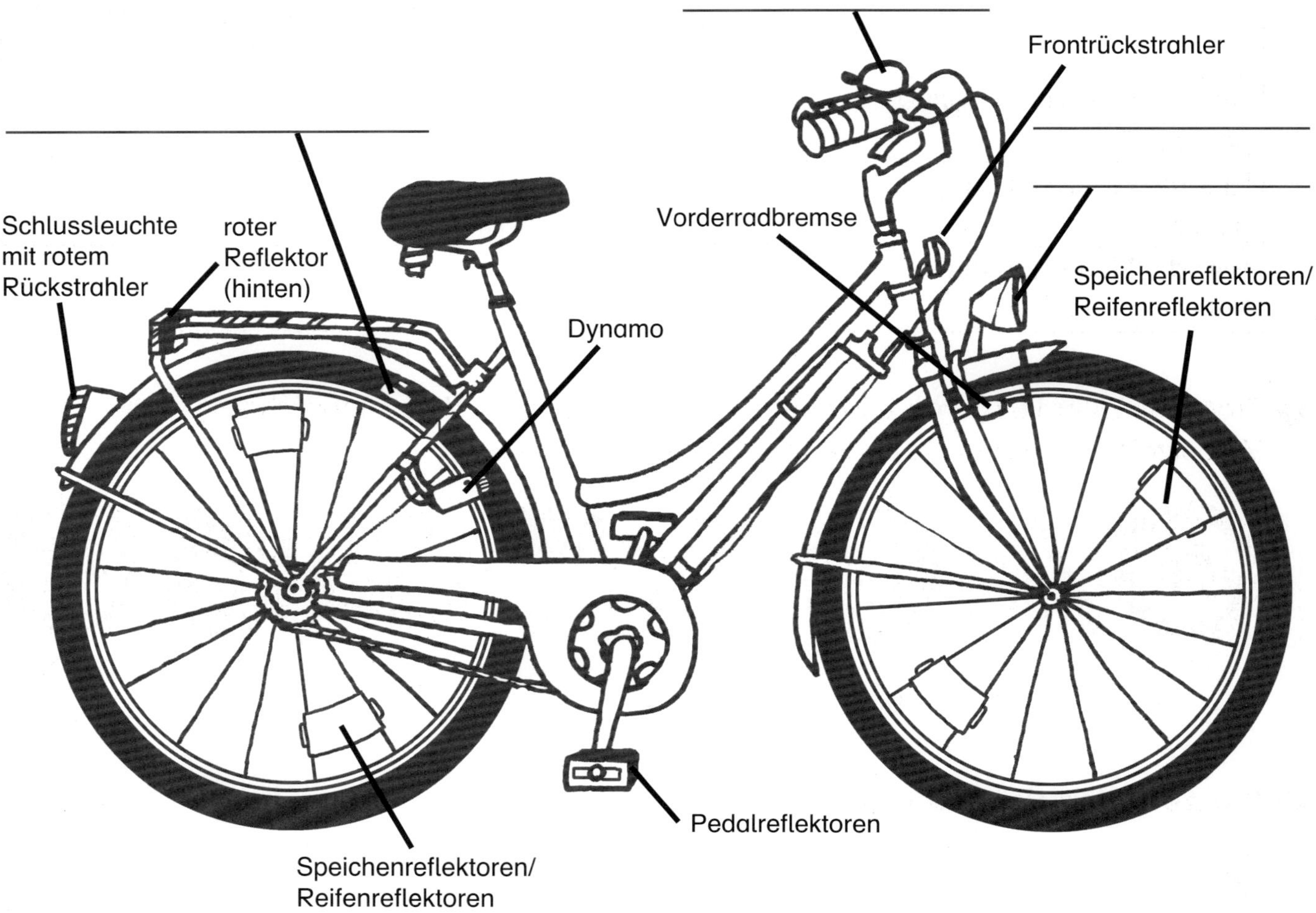

❷ Schreibe die Ziffern von 1–5 in der richtigen Reihenfolge an die Sätze.

So fährst du mit dem Fahrrad richtig los:

◯ Stelle das Fahrrad in Fahrtrichtung an den rechten Fahrbahnrand.

◯ Schau dich über die linke Schulter nach hinten um – alles frei? Gib mit der linken Hand Handzeichen.

◯ Schiebe das Fahrrad über den Gehweg. Achte dabei auf den Verkehr auf dem Fußgängerweg.

◯ Nimm beide Hände an den Lenker und fahre los, wenn die Fahrbahn frei ist. Halte deine Spur.

◯ Achte darauf, dass ein Pedal oben, das andere unten ist.

Name: ____________________

SILBER

Silber-Prüfung

3 Kreuze an, welche Bedeutung die Schilder für Fußgänger haben.

Hier **darf** ich als Fußgänger gehen.					
Hier **muss** ich als Fußgänger gehen.					
Hier **darf** ich **nicht** als Fußgänger gehen.					

4 Trage die Ziffern ein, um die Schilder als Richtzeichen ①, Vorschriftzeichen ②, Verbotzeichen ③ oder Gefahrzeichen ④ zu kennzeichnen.

○ ○ ○ ○ ○ ○ ○ ○

5 Kreuze an, in welchen Bildern der Radfahrer Vorfahrt hat.

A

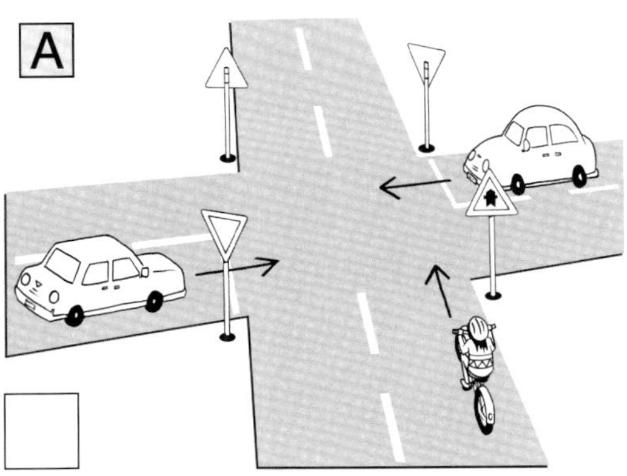

☐

B

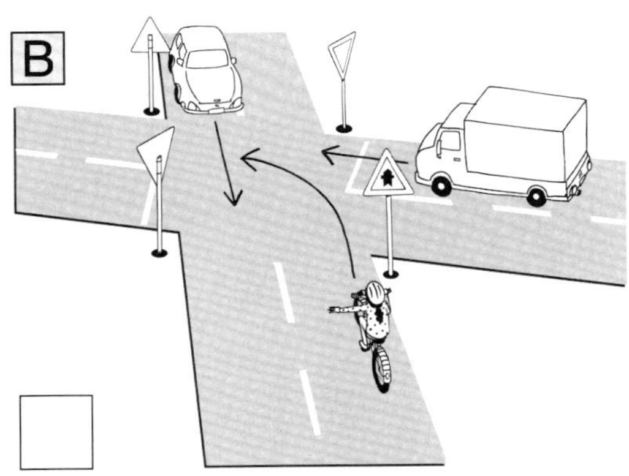

☐

C

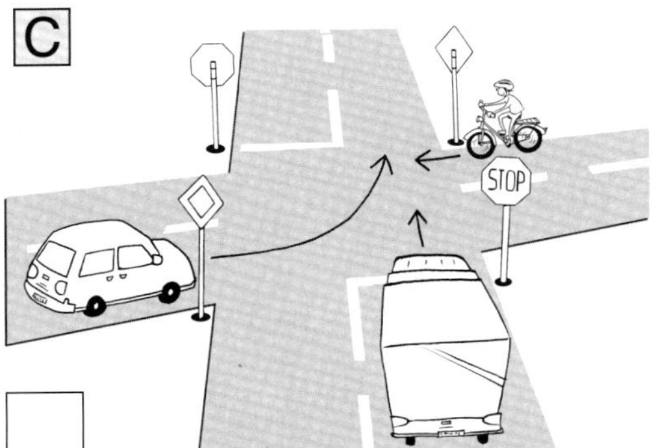

☐

D

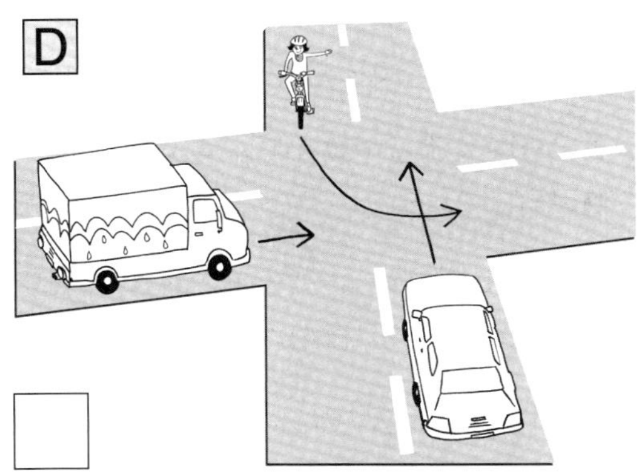

☐

Sicher nach rechts abbiegen

Kreuze die passende Aussage zu jedem Bild an.

- ☐ Du hast hier Vorfahrt. Deshalb kannst du einfach weiterfahren und musst nicht auf das Auto achten.
- ☐ Du bist bremsbereit. Um sicher zu sein, dass der Autofahrer dich gesehen hat, nimmst du Blickkontakt auf.

- ☐ Du hast Vorfahrt, das Kind muss warten, bis du vorbeigefahren bist.
- ☐ Du stoppst und wartest, bis die Fußgänger die Straße überquert haben.
- ☐ Du fährst mit deinem Fahrrad um die Kinder herum, denn dafür ist genug Platz.

- ☐ Du hast hier Vorfahrt. Das Auto muss warten.
- ☐ Du bist bremsbereit. Vielleicht hat der Autofahrer dich nicht gesehen?
- ☐ Du hältst an und lässt das Auto abbiegen. Dann schiebst du dein Rad über die Straße und fährst dort auf dem Radweg weiter.

An Hindernissen vorbeifahren

Trage die Ziffern aus der Zeichnung an den richtigen Sätzen ein.

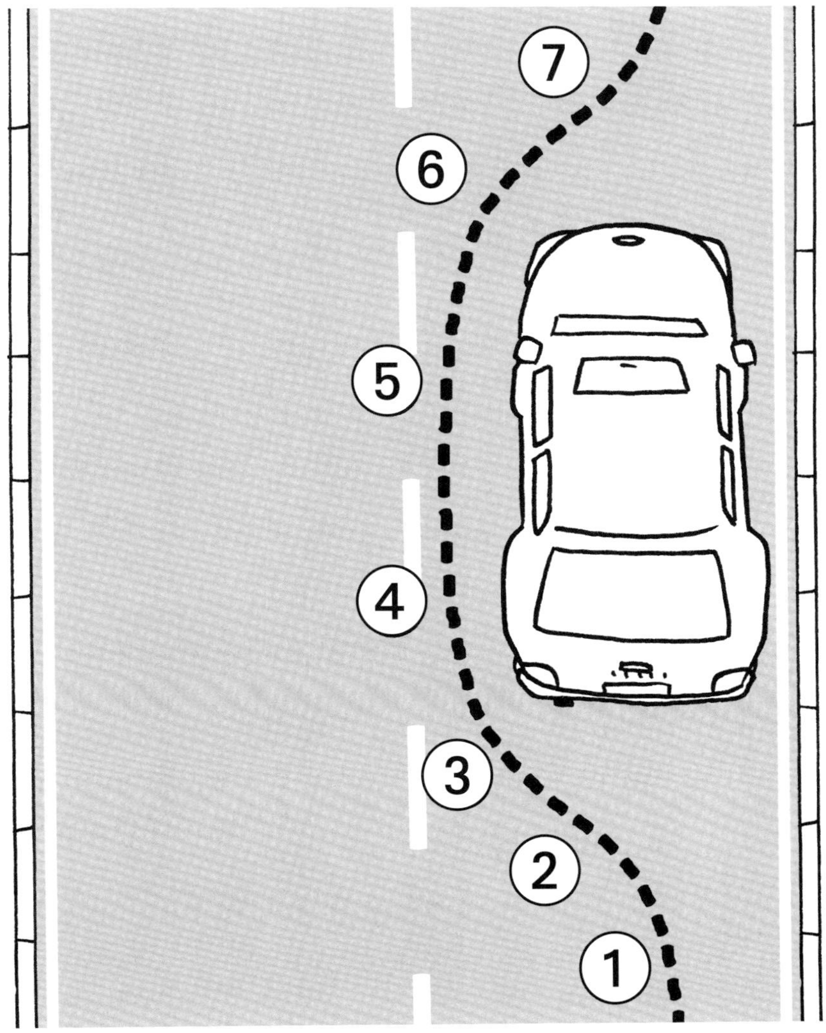

◯ Ich ordne mich nach links ein.

◯ Beim Vorbeifahren halte ich den Sicherheitsabstand ein.
Der Sicherheitsabstand beträgt ungefähr 1 m.

◯ Zuerst schaue ich mich nach hinten links um.

◯ Sobald ich an dem Hindernis fast vorbei bin, schaue ich mich nach rechts um und gebe ein Handzeichen nach rechts.

◯ Ich beachte den Gegenverkehr, wenn ich zur Fahrbahnmitte komme.

◯ Am Ende ordne ich mich wieder rechts ein und setze meine Fahrt am rechten Fahrbahnrand fort.

◯ Dann gebe ich links ein Handzeichen.

Wege für das Rad

Verhält sich der Radfahrer richtig ☺ oder falsch ☹?
Kreuze an.

☐ ☺
☐ ☹

☐ ☺
☐ ☹

☐ ☺
☐ ☹

☐ ☺
☐ ☹

☐ ☺
☐ ☹

☐ ☺
☐ ☹

☐ ☺
☐ ☹

☐ ☺
☐ ☹

GOLD

Nach links abbiegen

Trage die Ziffern in die Zeichnung ein.

① Noch einmal umsehen
② Vorfahrt beachten
③ Handzeichen geben
④ Im großen Bogen links abbiegen
⑤ Umsehen
⑥ Gegenverkehr vorbeilassen
⑦ Rechts weiterfahren, dabei auf Fußgänger achten
⑧ Zur Mitte einordnen

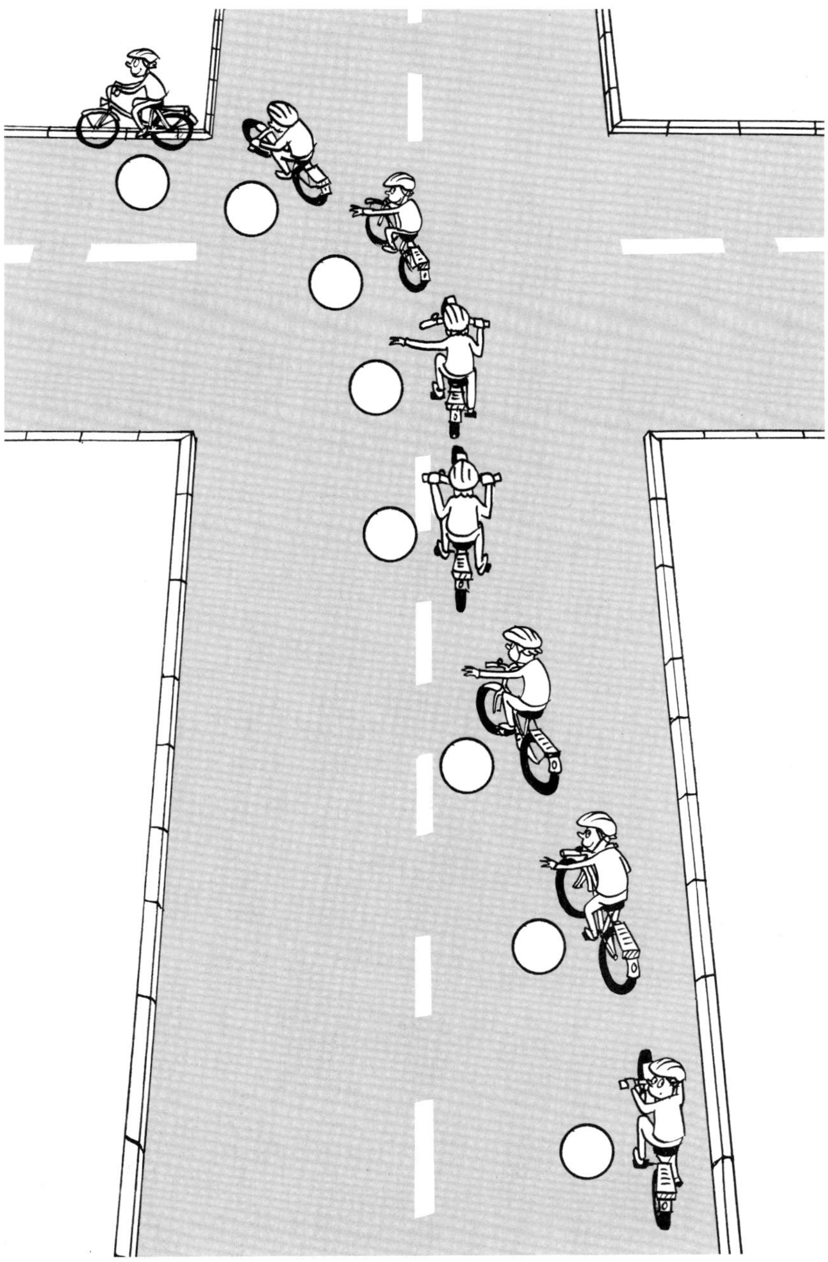

Gold-Training (5)

Kennst du die Verkehrszeichen?

Kreuze die richtige Erklärung an.

- [ ] Radfahrer müssen hier auf Fußgänger Rücksicht nehmen.
- [ ] Radfahrer haben immer Vorrang, weil sie schneller sind.

- [ ] Hier muss man Vorfahrt gewähren.
- [ ] Dieses Schild sagt, dass man Vorfahrt hat.

- [ ] Fußgänger dürfen die Straße nutzen, Kinderspiele sind überall erlaubt.
- [ ] Radfahrer können hier Radrennen veranstalten.

- [ ] Dieses Schild gilt nicht für Radfahrer.
- [ ] Einbahnstraßen dürfen nur in der vorgegebenen Richtung befahren werden.

- [ ] Kreisverkehr: der Verkehr, der innerhalb des Kreises fährt, hat Vorfahrt.
- [ ] Karussell: wer am schnellsten im Kreis fahren kann, hat gewonnen.

- [ ] Der breite, schwarze Bogen zeigt den Verlauf der Vorfahrtstraße an.
- [ ] Hier darf man nur nach links abbiegen oder geradeaus fahren.

Gold-Training (6)

GOLD

Welches Schild fehlt hier?

Kreuze das richtige Schild an.

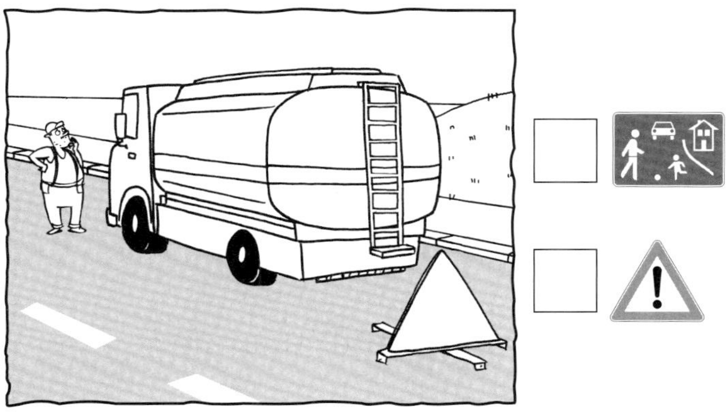

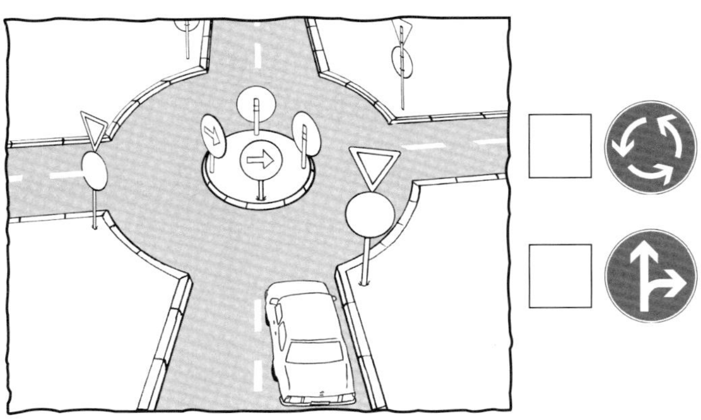

Gold-Training (7)

Aufgepasst! Auf das richtige Verhalten kommt es an

Kreuze an, wie man sich in diesen Situationen richtig verhält.

A Es ist sehr, sehr stürmisch und regnerisch. Du bist auf dem Nachhauseweg.

1 Bei Sturm lasse ich mein Fahrrad stehen.
2 Ich fahre langsam auf meinem Fahrrad nach Hause.
3 Ich schiebe mein Fahrrad.

B Du benötigst heute in der Schule deine Schultasche und deinen Turnbeutel.

1 Ich lasse einige Schulsachen zu Hause, damit genug Platz für den Turnbeutel in der Schultasche ist.
2 Ich hänge meinen Turnbeutel an den Lenker.
3 Ich transportiere die Schultasche und den Turnbeutel auf dem Gepäckträger.

C Auf dem Radweg ist eine Baustelle.

1 Ich steige ab und schiebe mein Fahrrad an der Baustelle vorbei.
2 Ich fahre, ohne auf den Verkehr zu achten, an der Baustelle vorbei.
3 Ich drehe um und suche mir einen anderen Weg.

D Es ist Herbst und morgens auf dem Schulweg ziemlich dunkel.

1 Ich kontrolliere das Licht und die Reflektoren an meinem Fahrrad.
2 Ich befestige zusätzliche Reflektoren an meiner Jacke.
3 Ich lasse mich von meiner Mutter / meinem Vater mit dem Auto zur Schule fahren.

E Neben dem Radweg wird der Rasen gemäht und das abgeschnittene Gras liegt überall auf dem Weg. Du bist auf dem Nachhauseweg.

1 Ich fahre aufmerksam weiter, bin aber bremsbereit.
2 Ich fahre ganz schnell an dem Rasenmäher vorbei, damit mein Fahrrad nicht schmutzig wird.
3 Ich fahre sehr vorsichtig weiter, weil das Gras den Weg vielleicht rutschig gemacht hat.

F Der Radweg ist zu Ende. Um weiterfahren zu können, musst du auf die Straße wechseln.

1 Ich steige ab und schiebe mein Fahrrad weiter.
2 Ich benutze die Straße, nachdem ich mich nach hinten umgesehen und Handzeichen gegeben habe.
3 Ich sehe mich nach dem Verkehr auf der Straße um und fahre dann aufmerksam am rechten Straßenrand weiter.

Gold-Training (8)

Zu Fuß, mit dem Auto, mit dem Fahrrad oder mit dem Bus?

Kreuze an, auf welches Verkehrsmittel die Aussage zutrifft.

Hier wird Benzin oder Diesel verbraucht, um vorwärts zu kommen.

Lärm produziert man bei dieser Fortbewegungsart fast gar nicht.

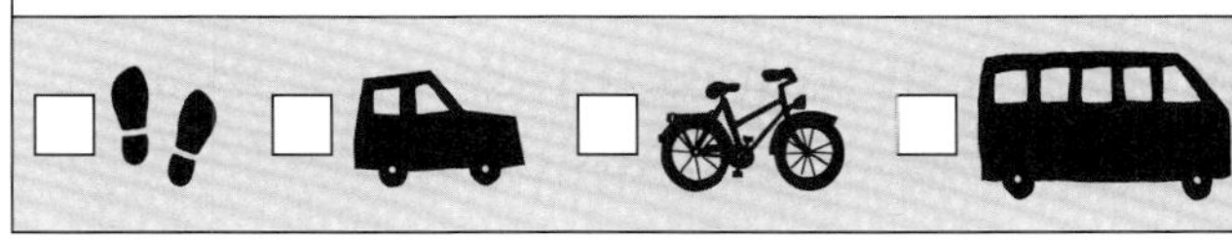

Es hält fit, allerdings ist man Wind und Regen ausgesetzt.

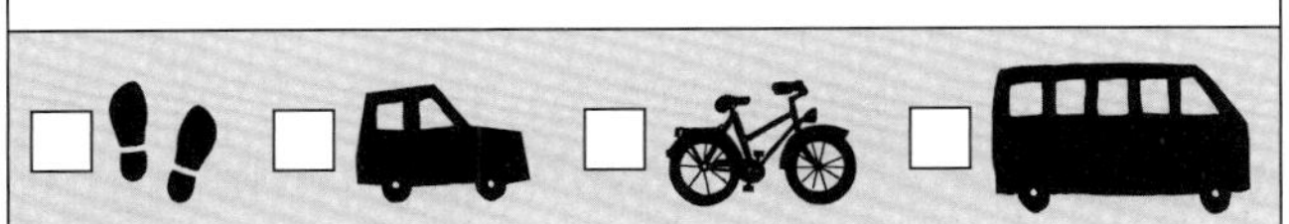

Man muss sich an vorgegebene Zeiten halten, um damit fahren zu können.

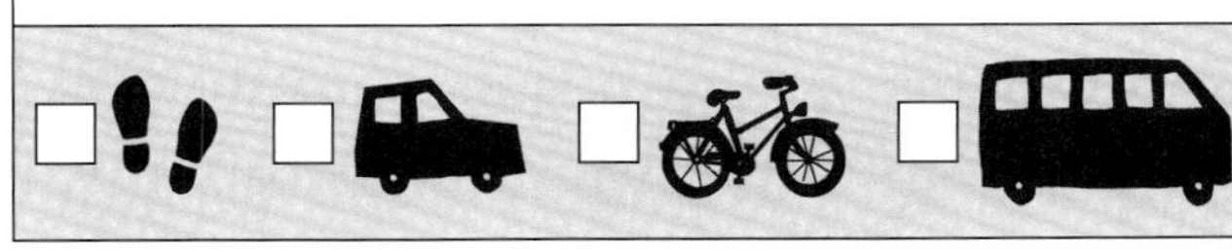

Man benötigt breite Straßen und Parkplätze.

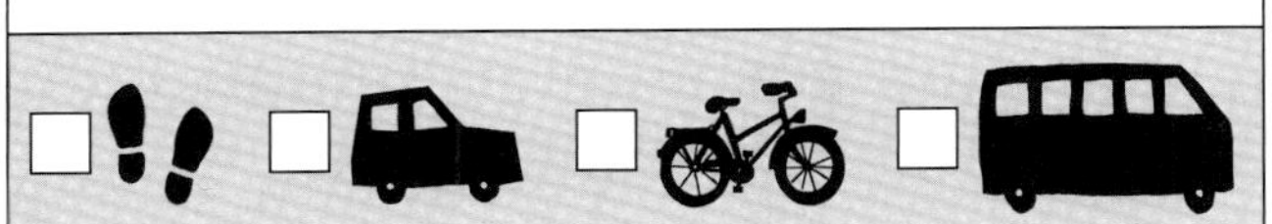

Man benötigt dafür Muskelkraft.

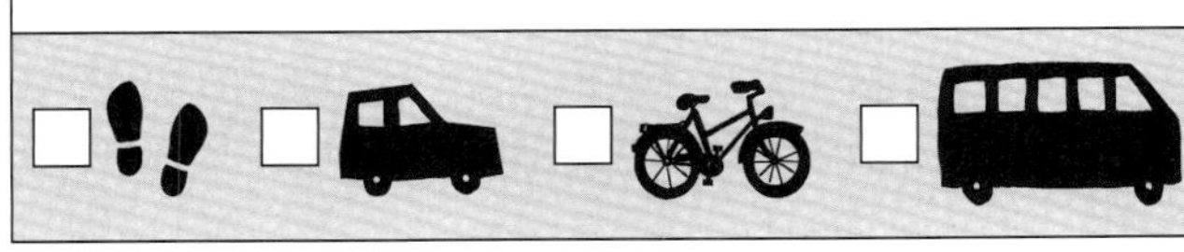

Man ist zeitlich unabhängig.

Wenn der Verkehr stockt oder ein Stau ist, kommt man nicht vorwärts.

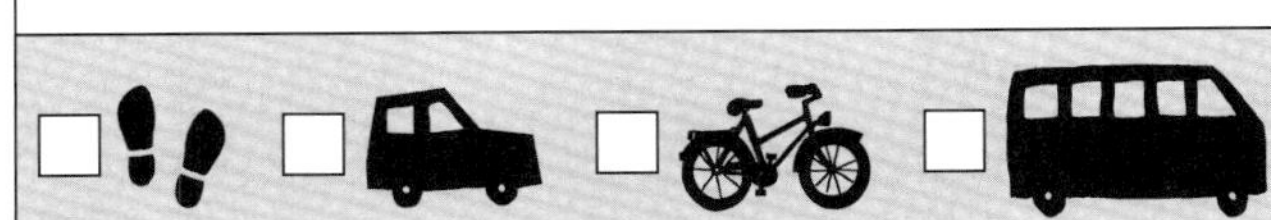

GOLD

Name: ____________________________

Gold-Prüfung – Generalprobe

1 Du fährst an einem parkenden Auto vorbei.
Kreuze an, welche Aussagen zutreffen.

- ☐ Du schaust dich nach hinten links um.
- ☐ Du klingelst laut, damit alle auch hören können, dass du das parkende Auto überholen willst.
- ☐ Du gibst links ein Handzeichen und ordnest dich auf der Fahrbahn nach links ein, wenn die Straße dafür frei ist.
- ☐ Du schaust beim Vorbeifahren ins Auto, um zu kontrollieren, dass auch alles in Ordnung ist.
- ☐ Du achtest auf den Gegenverkehr, wenn du zur Fahrbahnmitte kommst.
- ☐ Beim Vorbeifahren hältst du einen Sicherheitsabstand von ungefähr 1 m ein.
- ☐ Sobald du an dem Auto fast vorbei bist, schaust du dich nach rechts um und gibst ein Handzeichen nach rechts.
- ☐ Wenn Fußgänger auf dem Fußgängerweg gehen, winkst du ihnen fröhlich zu.
- ☐ Wenn du an dem parkenden Auto vorbeigefahren bist, ordnest du dich wieder rechts ein und setzt deine Fahrt am rechten Fahrbahnrand fort.

2 Trage die Ziffern ein, um die Schilder als Richtzeichen ①, Vorschriftzeichen ②, Verbotzeichen ③ oder Gefahrzeichen ④ zu kennzeichnen.

Name: ______________________________

Gold-Prüfung – Generalprobe

GOLD

❸ Kreuze an, womit du in diesen Situationen rechnen musst.

☐ Es kann nichts passieren, der Radfahrer hat Vorfahrt.

☐ Der Autofahrer hat dich nicht gesehen und biegt ab.

☐ Der Autofahrer fährt geradeaus weiter.

☐ Es kann nichts passieren. Das Auto parkt.

☐ Der Radfahrer fährt zurück an den Straßenrand.

☐ Der Autofahrer öffnet die Tür und gefährdet damit den Radfahrer.

❹ Wer hat hier Vorfahrt?
Trage die Ziffern von 1–3 ein.

A

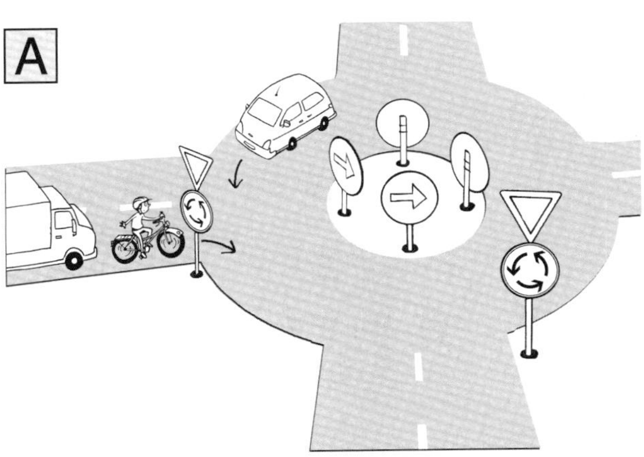

◯ Radfahrer ◯ LKW ◯ Auto

B

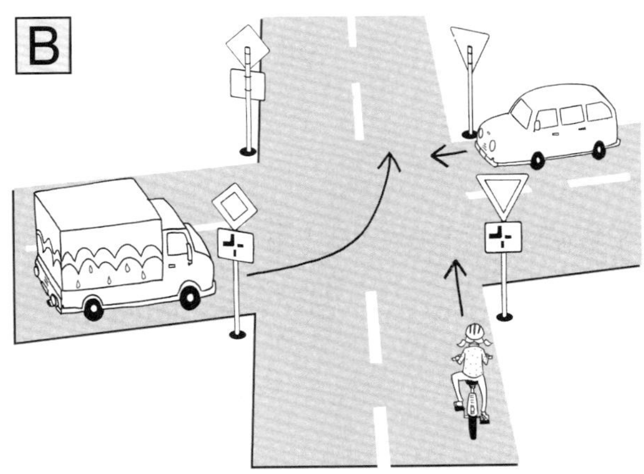

◯ Radfahrer ◯ LKW ◯ Auto

Name: ____________________

Gold-Prüfung

GOLD

1 Kreuze an, welche Aussagen zutreffen.

☐ Im Sommer kann man beim Radfahren auf einen Helm verzichten, weil es zu heiß dafür ist.

☐ Einbahnstraßen dürfen nur in der vorgegebenen Richtung befahren werden.

☐ Wird an einer Kreuzung die Vorfahrt nicht durch Verkehrsschilder geregelt, gilt die Regel „rechts vor links".

☐ Schwarz ist eine Modefarbe, und deshalb sollten möglichst alle Verkehrsteilnehmer schwarz tragen – schließlich sollen sie gut aussehen!

☐ Auf einem gemeinsamen Fußgängerweg und Radweg müssen die Radfahrer auf die Fußgänger Rücksicht nehmen.

☐ Man sollte nie ohne Helm Fahrrad fahren.

☐ Im Kreisverkehr haben die Verkehrsteilnehmer Vorfahrt, die innerhalb des Kreises fahren.

☐ Wenn ein Fahrrad mit allen Rückstrahlern ausgestattet ist, müssen kein Scheinwerfer und keine Schlussleuchte montiert sein.

2 Bestimme, welche Aussagen für die Positionen 3, 5 und 7 zutreffen.

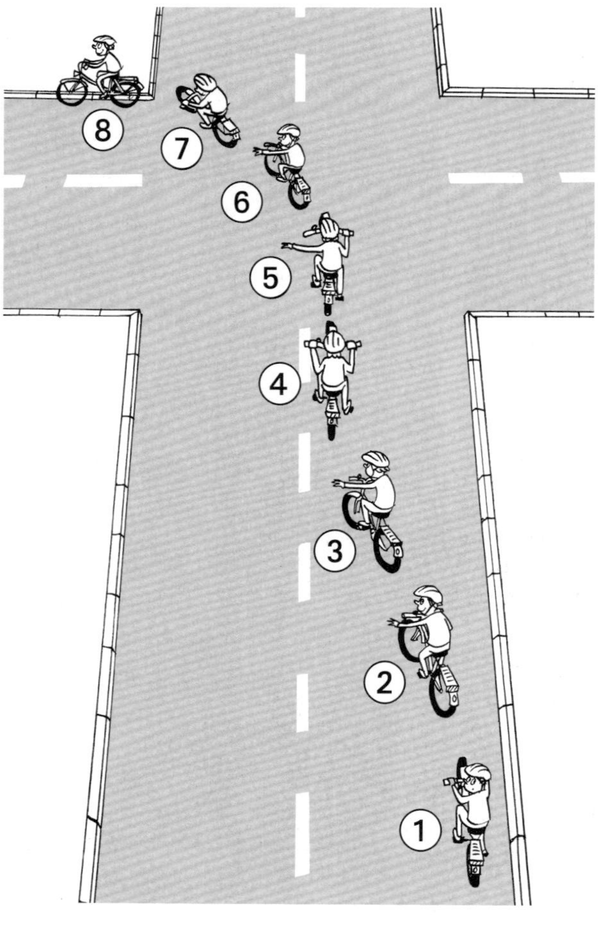

☐ Auf Fußgänger achten
Handzeichen geben
Im großen Bogen links abbiegen

☐ Gegenverkehr vorbeilassen
Rechts weiterfahren
Umsehen

☐ Umsehen
Handzeichen geben
Vorfahrt beachten

Name: ______________________________ GOLD

Gold-Prüfung

3 Verbinde die Verkehrszeichen mit der passenden Beschreibung.

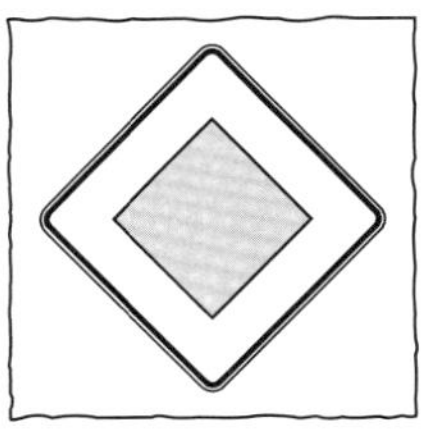

Dieses Schild vor Kreuzungen oder Einmündungen fordert dazu auf, den anderen Verkehrsteilnehmern Vorfahrt zu gewähren.

Dieses Schild gibt an der nächsten Kreuzung oder Einmündung Vorfahrt, das heißt, die anderen Verkehrsteilnehmer müssen warten.

Dieses Schild steht an Kreuzungen oder Einmündungen. Es bedeutet: Unbedingt an der Haltelinie anhalten!

Dieses Schild bedeutet, dass an der nächsten Kreuzung oder Einmündung der Verkehr, der von der rechten Seite kommt, Vorfahrt hat.

Dieses Zeichen gibt Vorfahrt. Es steht am Anfang einer Vorfahrtstraße und dann an jeder Kreuzung oder Einmündung und gilt so lange, bis es durch das Schild „Ende der Vorfahrtstraße" aufgehoben wird.

4 Wer hat hier Vorfahrt? Trage die Ziffern von 1–3 ein.

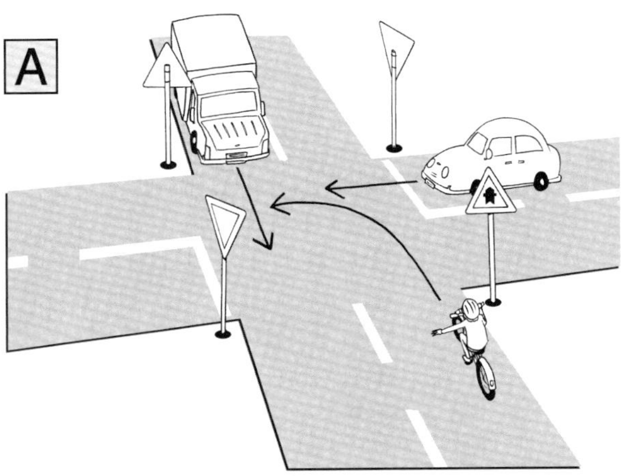

◯ Radfahrer ◯ LKW ◯ Auto

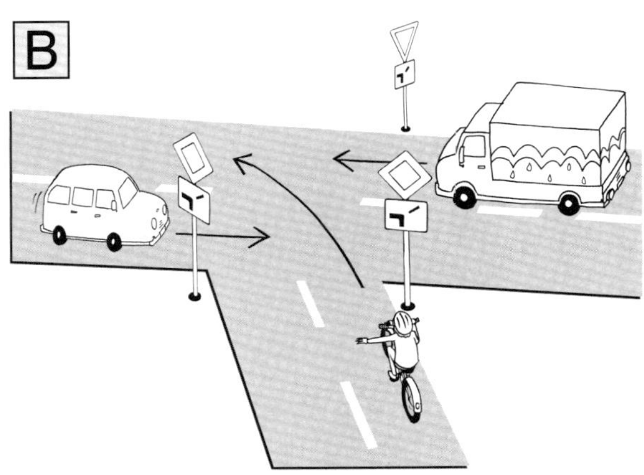

◯ Radfahrer ◯ LKW ◯ Auto

Auswertungsbogen: Bronze

Bronze-Training									Bronze-Prüfung	
	1	2	3	4	5	6	7	8		
Name	Schau genau!	Rechts oder links?	Sehen und gesehen werden	Verkehrszeichen	Die Ampel	Sicher die Straße überqueren	Unterwegs mit Auto oder Bus	Verkehrs-situationen	Generalprobe	Prüfung
1.										
2.										
3.										
4.										
5.										
6.										
7.										
8.										
9.										
10.										
11.										
12.										
13.										
14.										
15.										
16.										
17.										
18.										
19.										
20.										
21.										
22.										
23.										
24.										
25.										
26.										
27.										
28.										
29.										
30.										

Auswertungsbogen: Silber

Silber-Training									Silber-Prüfung	
	1	2	3	4	5	6	7	8		
Name	Das verkehrssichere Fahrrad	Der Fahrradhelm	Fahrrad-Check	Richtiges Anfahren	Vorfahrt! Diese Zeichen zeigen es an	Wer hat Vorfahrt?	Rechts vor links	Richtzeichen – Vorschriftzeichen – Gefahrzeichen	Generalprobe	Prüfung
1.										
2.										
3.										
4.										
5.										
6.										
7.										
8.										
9.										
10.										
11.										
12.										
13.										
14.										
15.										
16.										
17.										
18.										
19.										
20.										
21.										
22.										
23.										
24.										
25.										
26.										
27.										
28.										
29.										
30.										

Auswertungsbogen: Gold

Gold-Training									Gold-Prüfung	
	1	2	3	4	5	6	7	8		
Name	Sicher nach rechts abbiegen	An Hindernissen vorbeifahren	Wege für das Rad	Nach links abbiegen	Kennst du die Verkehrszeichen?	Welches Schild fehlt hier?	Aufgepasst! Auf das richtige Ver-halten kommt es an	Zu Fuß, mit dem Auto, mit dem Fahrrad oder mit dem Bus?	Generalprobe	Prüfung
1.										
2.										
3.										
4.										
5.										
6.										
7.										
8.										
9.										
10.										
11.										
12.										
13.										
14.										
15.										
16.										
17.										
18.										
19.										
20.										
21.										
22.										
23.										
24.										
25.										
26.										
27.										
28.										
29.										
30.										

Lösungen

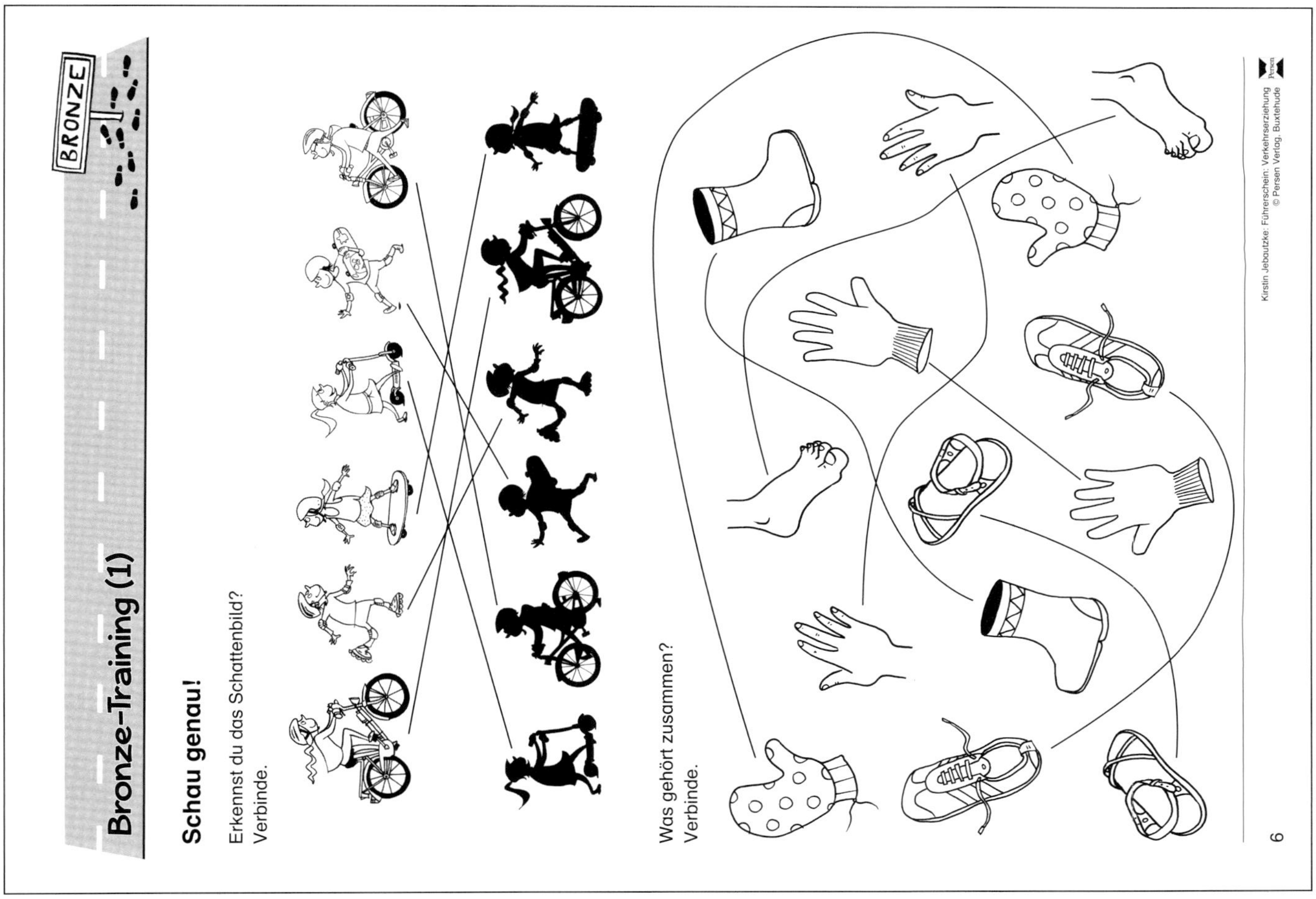

BRONZE
Bronze-Training (1)
Schau genau!
Erkennst du das Schattenbild?
Verbinde.
Was gehört zusammen?
Verbinde.
6
Kirstin Jebautzke: Führerschein: Verkehrserziehung
© Persen Verlag, Buxtehude

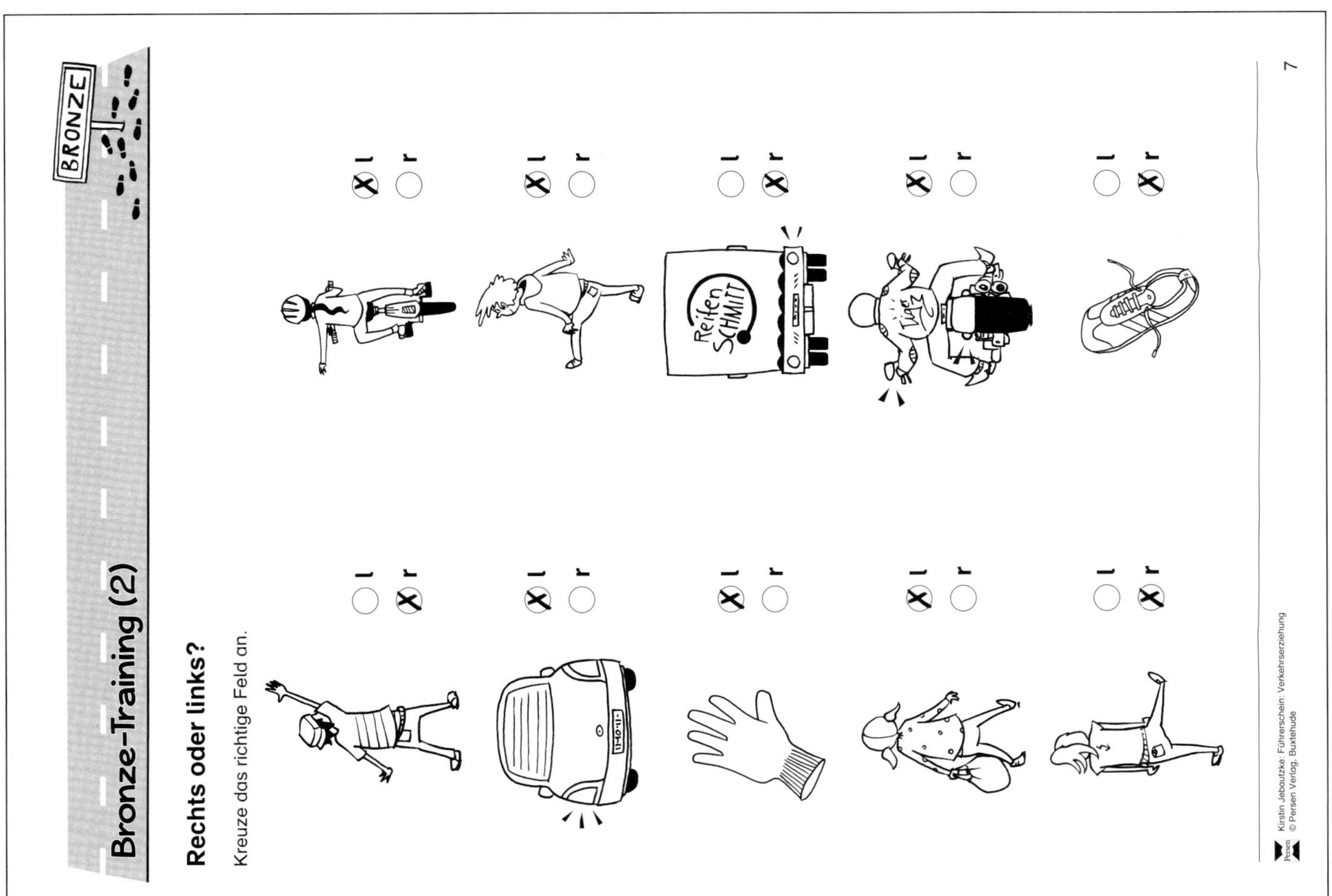

BRONZE
Bronze-Training (2)
Rechts oder links?
Kreuze das richtige Feld an.
Reifen SCHMITT
l
r
7
Kirstin Jebautzke: Führerschein: Verkehrserziehung
© Persen Verlag, Buxtehude

Bronze-Training (3)

Sehen und gesehen werden

Helle Farben – dunkle Farben.
Male die Kästchen in verschiedenen Farben an.

helle Farben

dunkle Farben

Was hilft, damit du in der Dunkelheit besser gesehen wirst?
Kreuze an.

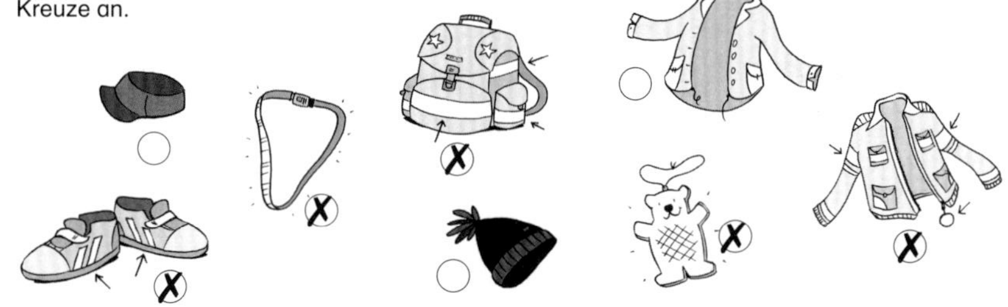

Male die Kinder so an, dass sie gut in der Dunkelheit gesehen werden.

Bronze-Training (4)

Verkehrszeichen

Erkennst du die Schilder? Verbinde die richtigen Felder.

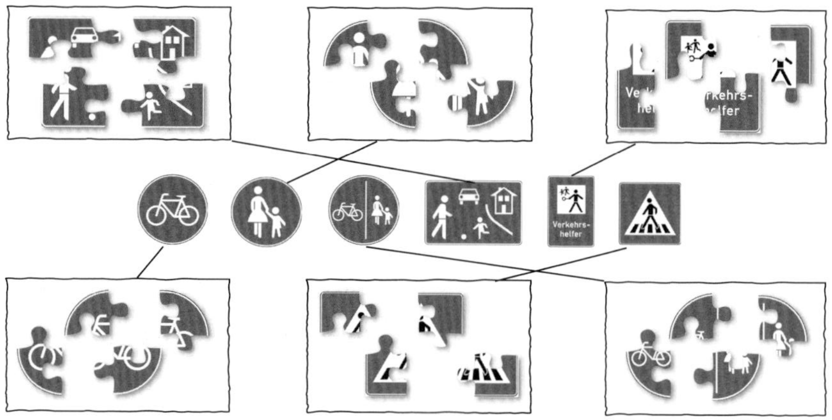

Welches Schild steht hier? Kreuze das richtige Schild an.

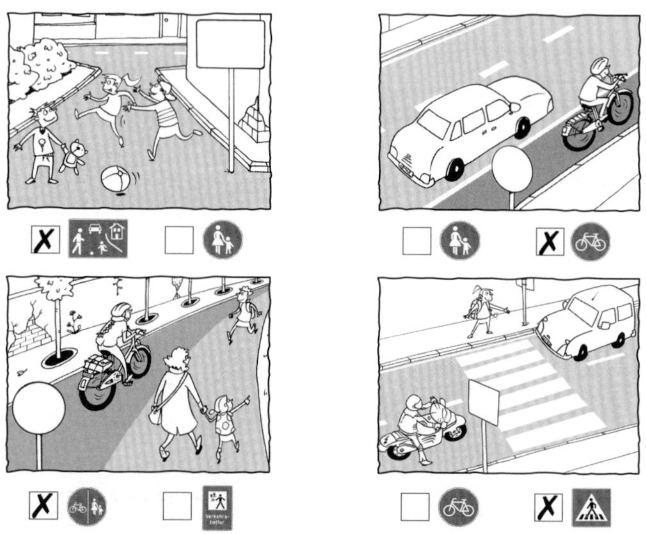

Bronze-Training (5)

BRONZE

Die Ampel

Leuchtet die Ampel rot oder grün?
Male richtig an.

Bronze-Training (6)

BRONZE

Sicher die Straße überqueren

Bringe die Bilder in die richtige Reihenfolge.
Nummeriere von ①–⑥.

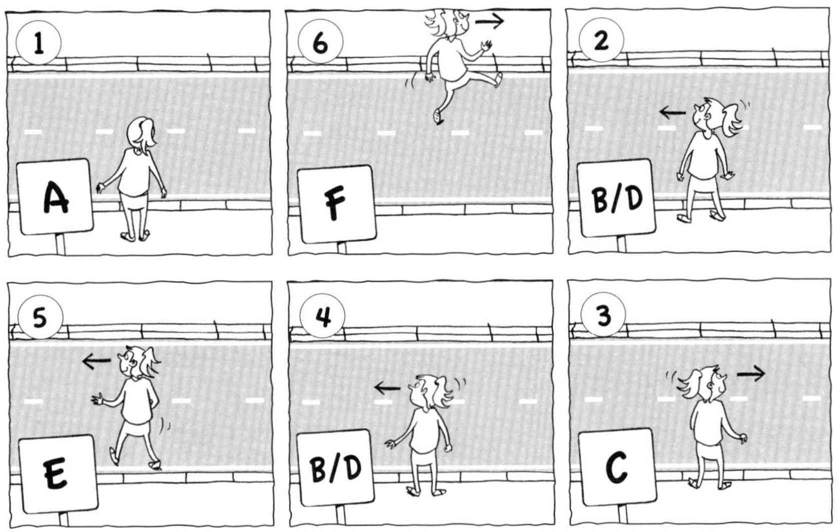

Lies die Sätze und ordne sie den Bildern zu.

[A] Bleibe am Bordstein stehen.

[B] Schau zuerst nach links.

[C] Schau nach rechts.

[D] Schau noch einmal nach links – alles frei?

[E] Überquere die Straße bis zur Straßenmitte. Schau dabei nach links.

[F] Schau ab der Straßenmitte nach rechts. Überquere zügig die Straße. Gehe auf dem Fußweg weiter.

Bronze-Training (7)

Unterwegs mit Auto oder Bus

Verhalten sich Leonie und Max richtig ☺ oder falsch ☹ ?
Kreuze an.

Bronze-Training (8)

Verkehrssituationen

Richtig oder falsch?
Kreuze die richtige Aussage an.

❶ Du gehst jeden Morgen zu Fuß in die Schule.
Was kannst du tun, damit Autofahrer dich besser sehen?
- [A] Ich trage eine große Fahne oder einen großen Luftballon.
- [X] Ich ziehe helle, auffällige Kleidung an – am besten mit Reflektoren.
- [C] Ich singe oder pfeife sehr laut, damit mich die Autofahrer auch gut hören können.

❷ Du bist mit deinen Inline-Skates unterwegs.
Wo darfst du mit deinem Sportgerät im Straßenverkehr fahren?
- [A] Ich darf dort fahren, wo auch Radfahrer fahren dürfen: auf der Straße und auf dem Radweg.
- [X] Ich muss auf Gehwegen fahren und muss darauf achten, dort niemanden zu gefährden oder zu verletzen.
- [C] Ich kann überall fahren, wo ich will.

❸ Du spielst mit einem Freund vor eurem Haus Ball.
Einmal fliegt der Ball zu hoch, du kannst ihn nicht fangen und der Ball rollt auf die Straße. Was machst du?
- [X] Ich laufe zur Straße, bleibe an der Bordsteinkante stehen und schaue, ob die Straße frei ist. Ich verhalte mich so, wie ich es für die Überquerung der Straße gelernt habe und kann so den Ball zurückholen.
- [B] Ich renne schnell hinter dem Ball her – vielleicht bekomme ich ihn noch, bevor er auf die Straße rollt.
- [C] Ich schlage meinem Freund vor, etwas anderes zu spielen.

❹ Du machst mit deiner Familie einen Ausflug mit dem Auto.
Wann darfst du ohne Kindersitz mitfahren und den Gurt der Erwachsenen anlegen?
- [A] Wenn alle Plätze schon besetzt sind und ich nur auf diese Weise mitkommen kann.
- [B] Wenn wir auf den Parkplatz fahren, also fast am Ziel sind.
- [X] Wenn ich größer als 1,50 m bin oder bereits 12 Jahre alt.

❺ Du bist mit dem Auto unterwegs.
Du sitzt im Kindersitz (hinten) im Auto und willst aussteigen.
Auf welcher Seite steigst du am sichersten aus?
- [A] Ich steige dort aus, wo meine Mutter/mein Vater mir die Tür aufmacht.
- [B] Ich klettere auf den Fahrersitz und steige dann durch die Fahrertür aus.
- [X] Ich steige, wenn möglich, immer auf der Beifahrerseite (also rechts) aus. Beim Aussteigen achte ich darauf, dass kein Radfahrer oder Fußgänger kommt.

Name: ______________________

Bronze-Prüfung – Generalprobe

BRONZE

❶ Kreuze an, wer nach links fährt oder nach links zeigt.

❷ Diese Ampeln zeigen an, dass man NICHT fahren oder gehen darf.
Male sie entsprechend an.

❸ Kreuze an, wie diese Schilder heißen.

- [ ] Verkehrsberuhigter Bereich
- [X] Fußgängerweg
- [ ] Getrennter Radweg und Fußgängerweg

- [ ] Fußgängerweg, für Radfahrer freigegeben
- [ ] Getrennter Radweg und Fußgängerweg
- [X] Gemeinsamer Fußgängerweg und Radweg

- [ ] Fußgängerweg
- [ ] Verkehrshelfer
- [X] Fußgängerüberweg

Name: ______________________

Bronze-Prüfung – Generalprobe

BRONZE

❹ Richtiges oder falsches Verhalten? Trage ein.

❺ Schreibe die Ziffern von 1–6 in der richtigen Reihenfolge an die Bilder.

Name: ______________________

Die Bronze-Prüfung

❶ Kreuze an, wer nach rechts fährt oder nach rechts zeigt.

X ○ X X ○

❷ Verbinde die Abbildungen der Verkehrszeichen mit ihrer Bezeichnung.

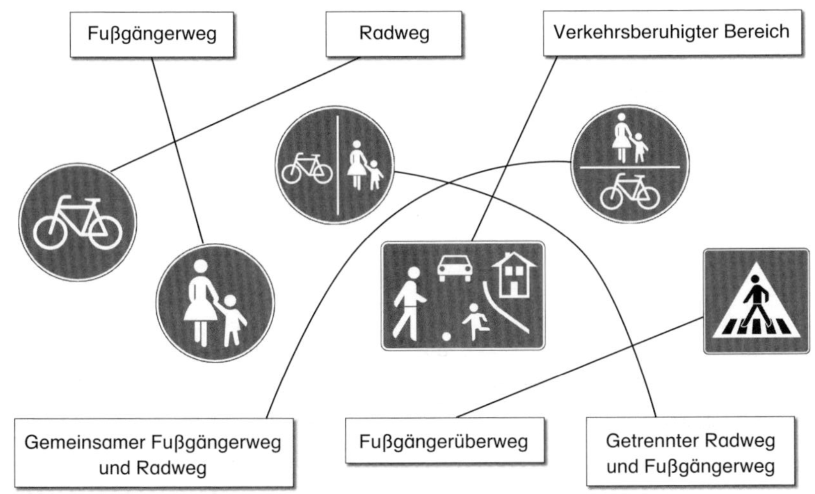

Name: ______________________

Die Bronze-Prüfung

❸ Schreibe die Ziffern von 1–6 in der richtigen Reihenfolge an die Sätze.

So überquerst du sicher die Straße:

(6) Schau ab der Straßenmitte nach rechts. Überquere zügig die Straße. Gehe auf dem Fußweg weiter.

(2/4) Schau zuerst nach links.

(2/4) Schau noch einmal nach links – alles frei?

(1) Bleibe am Bordstein stehen.

(5) Überquere die Straße bis zur Straßenmitte. Schau dabei nach links.

(3) Schau nach rechts.

❹ Kreuze nur die Sätze an, die RICHTIG sind.

- [X] Auf dem Schulweg ziehe ich auffällige Kleidung mit Reflektoren an, damit mich die Autofahrer gut sehen können.
- [ ] Wenn ich mit Inline-Skates unterwegs bin, kann ich überall damit fahren, wo ich will.
- [X] Ich darf nur ohne Kindersitz im Auto fahren, wenn ich größer als 1,50 m oder bereits 12 Jahre alt bin. Ich muss mich immer anschnallen.
- [X] Mit meinem Kickboard muss ich auf Gehwegen fahren und dort darauf achten, niemanden zu gefährden oder zu verletzen.

❺ Richtiges ☺ oder falsches ☹ Verhalten? Trage ein.

Silber-Training (1)

SILBER

Das verkehrssichere Fahrrad

Sind alle Teile benannt, die das Fahrrad verkehrssicher machen?
Kontrolliere die Liste – ergänze, wenn etwas fehlen sollte.

(1) Vorderradbremse	(2) Hinterradbremse
(3) Scheinwerfer mit weißem Reflektor	(4) Schlussleuchte mit rotem Rückstrahler
(5) Dynamo	(6) roter Reflektor (hinten)
(7) Speichenreflektoren/Reifenreflektoren	(8) Pedalreflektoren
(9) Klingel	(10) Frontrückstrahler

Schreibe die passenden Ziffern in die Kreise.

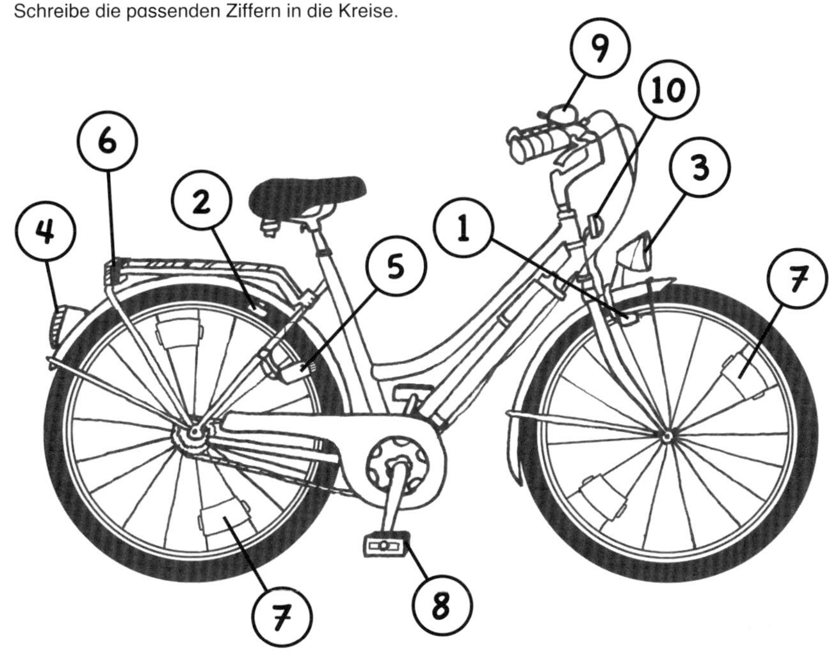

Silber-Training (2)

SILBER

Der Fahrradhelm

Welcher Helm sitzt richtig?
Kreuze an.

Richtig oder falsch?
Kreuze an.

	richtig	falsch
Ich setze beim Radfahren immer einen Helm auf.	X	
Manchmal habe ich keine Zeit, den Kinnriemen an meinem Helm zu schließen. Das macht aber nichts.		X
Mein Helm ist etwas zu groß. Dafür kann ich ihn dann länger tragen.		X
Statt Helm trage ich manchmal mein Cap. Gerade im Sommer ist es mir zu warm für meinen Helm.		X
Ich schließe immer den Kinnriemen, weil der Helm nur so gut sitzt.	X	
Die Ohren werden vom Helm nicht bedeckt, damit ich im Straßenverkehr gut hören kann.	X	
Ich habe mir einen schwarzen Helm ausgesucht – wichtig ist, dass mir der Helm gut gefällt!		X
Mein Helm passt genau.	X	
Wenn ich meinen Helm fest über die Ohren ziehe, werden sie auch im Wind nicht kalt.		X
Für kurze Strecken brauche ich den Helm nicht aufzusetzen.		X
Den Fahrradhelm trage ich auch beim Inline-Skaten.	X	

Silber-Training (3)

Fahrrad-Check

Welcher Text gehört zu welchem Bild? Verbinde.

Die Kette darf nicht durchhängen.
Öle oder fette sie regelmäßig.

Beide Bremsen müssen immer gut funktionieren.
Kontrolliere die Bremsbeläge mindestens 2 × jährlich.

Überprüfe wöchentlich den Luftdruck in den Reifen.
Kontrolliere auch regelmäßig das Profil.

Sind alle Speichen in deinen Reifen fest? Überprüfe, ob alle Schrauben und Muttern fest angezogen sind.

Die Griffe sollen fest am Lenker sitzen und sollen nicht beschädigt sein.

Reinige dein Fahrrad regelmäßig, insbesondere die Scheinwerfer, die Schlussleuchte und alle Reflektoren.

Kontrolliere vor jeder Fahrt, ob das Licht an deinem Fahrrad leuchtet – vorn und hinten.

Sattelhöhe und Lenkradhöhe müssen immer wieder auf deine Größe eingestellt werden.

Überprüfe, ob du ein Fahrradschloss dabei hast, bevor du losfährst.

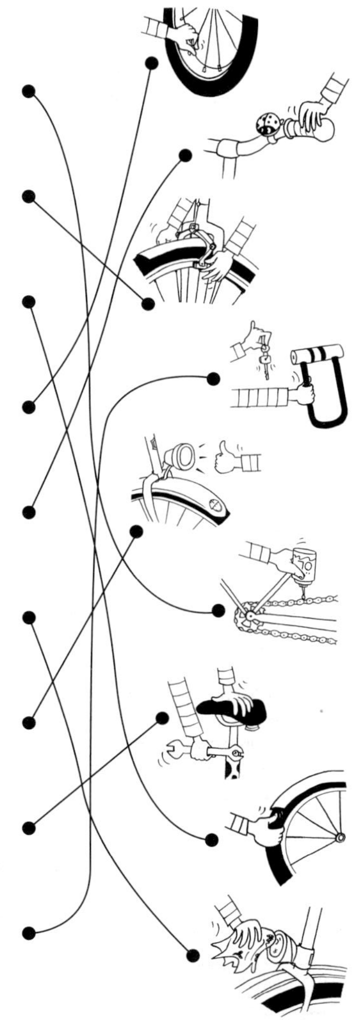

Silber-Training (4)

Richtiges Anfahren

Bringe die Bilder in die richtige Reihenfolge.
Nummeriere von ①–⑤.

Lies die Sätze und ordne sie den Bildern zu.

A Schiebe das Fahrrad über den Gehweg.
Achte dabei auf den Verkehr auf dem Fußgängerweg.

B Stelle das Fahrrad in Fahrtrichtung an den rechten Fahrbahnrand.

C Achte darauf, dass ein Pedal oben, das andere unten ist.

D Schau dich über die linke Schulter nach hinten um – alles frei?
Gib mit der linken Hand Handzeichen.

E Nimm beide Hände an den Lenker und fahre los,
wenn die Fahrbahn frei ist. Halte deine Spur.

Lösungen

Silber-Training (5)

Vorfahrt! – Diese Zeichen zeigen es an

Erkennst du die Verkehrszeichen? Kennst du auch ihre Bedeutung?
Verbinde die Schilder und die passende Erklärung.

Dieses Schild gibt an der nächsten Kreuzung oder Einmündung Vorfahrt, das heißt, die anderen Verkehrsteilnehmer müssen warten.

Dieses Zeichen gibt Vorfahrt. Es steht am Anfang einer Vorfahrtstraße und dann an jeder Kreuzung oder Einmündung und gilt so lange, bis es durch das Schild „Ende der Vorfahrtstraße“ aufgehoben wird.

Dieses Schild vor Kreuzungen oder Einmündungen fordert dazu auf, den anderen Verkehrsteilnehmern Vorfahrt zu gewähren.

Dieses Schild steht an Kreuzungen oder Einmündungen. Es bedeutet: Unbedingt an der Haltelinie anhalten!

Dieses Schild bedeutet, dass an der nächsten Kreuzung oder Einmündung der Verkehr, der von der rechten Seite kommt, Vorfahrt hat.

Silber-Training (6)

Wer hat Vorfahrt?

Schau dir die Verkehrssituationen genau an.
Trage dann die Ziffern von 1–3 ein, um die Reihenfolge zu bestimmen, in der die Verkehrsteilnehmer fahren dürfen.

A

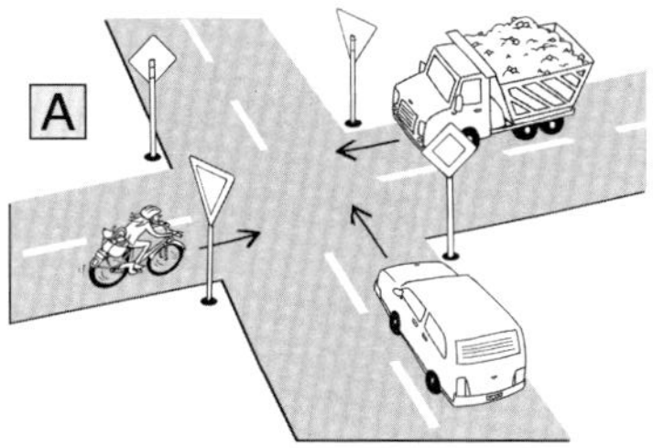

2/3 Radfahrer 3/2 LKW 1 Auto

B

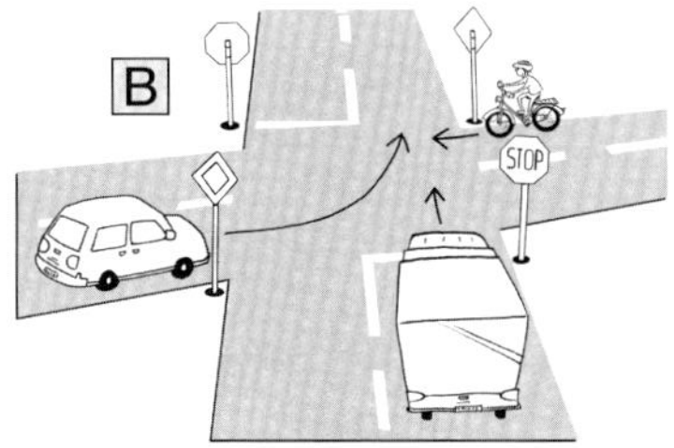

1 Radfahrer 3 LKW 2 Auto

C

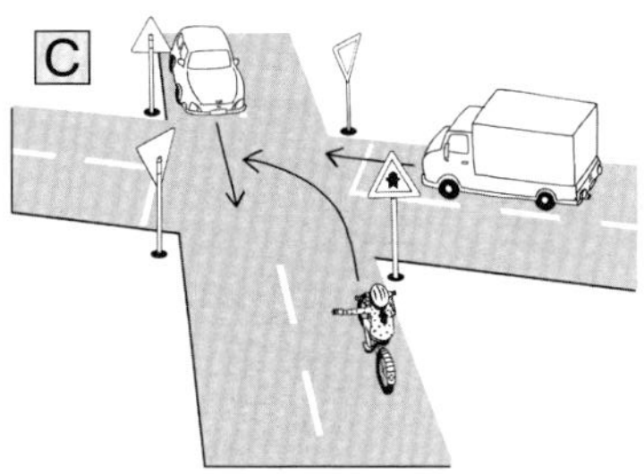

2 Radfahrer 3 LKW 1 Auto

D

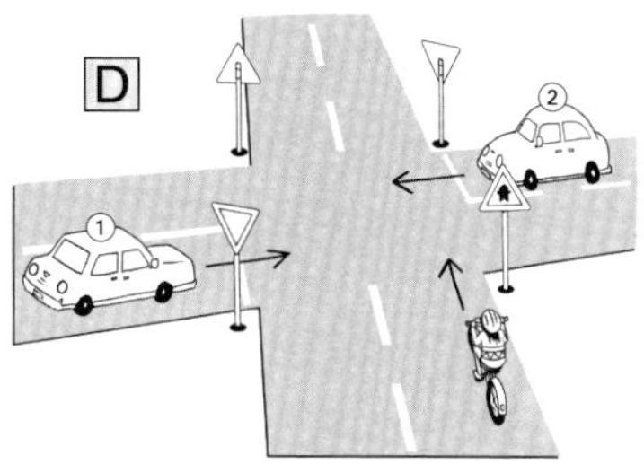

1 Radfahrer 2/3 Auto 1 3/2 Auto 2

E

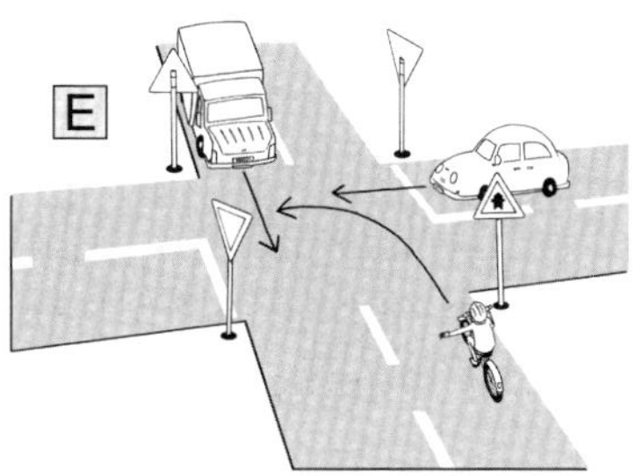

2 Radfahrer 1 LKW 3 Auto

F

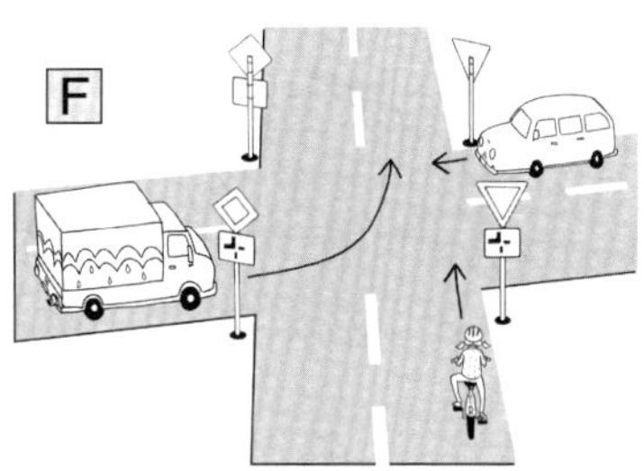

3 Radfahrer 1 LKW 2 Auto

Silber-Training (7)

Rechts vor links

Wer darf hier zuerst fahren?
Trage die Ziffern von 1–3 ein, um die Reihenfolge zu bestimmen, in der die Verkehrsteilnehmer fahren dürfen.

A

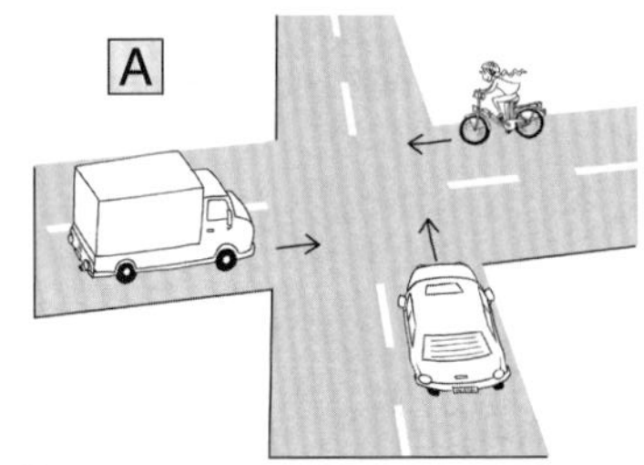

(1) Radfahrer (3) LKW (2) Auto

B

(3) Radfahrer (2) LKW (1) Auto

C

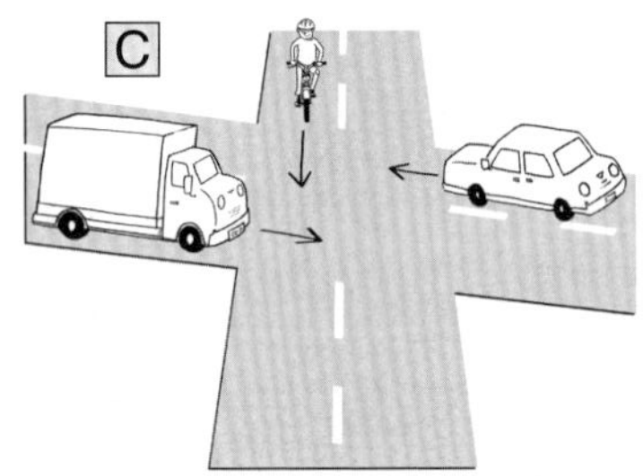

(2) Radfahrer (1) LKW (3) Auto

D

(2) Radfahrer (1) LKW (3) Auto

E

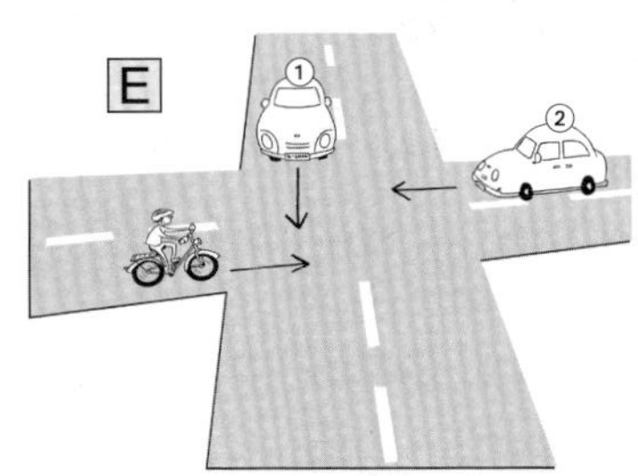

(1) Radfahrer (2) Auto 1 (3) Auto 2

F

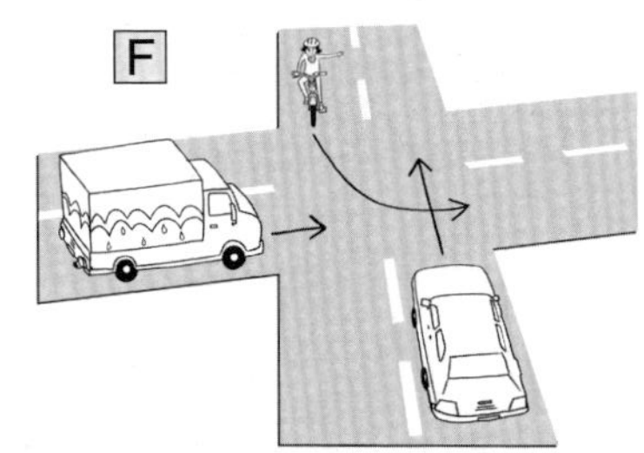

(3) Radfahrer (2) LKW (1) Auto

Silber-Training (8)

Richtzeichen – Vorschriftzeichen – Gefahrzeichen

Verkehrszeichen erkennt man an ihrer Form und ihrer Farbe.
Die Form erkennst du hier – male sie auch in der richtigen Farbe an.

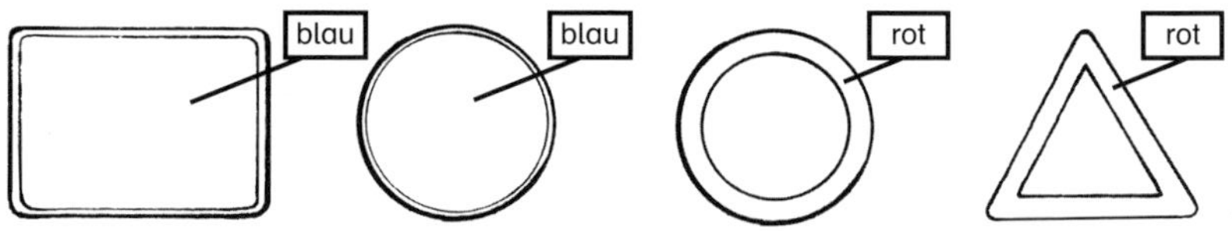

Richtzeichen (1) Vorschriftzeichen (2) Verbotzeichen (3) Gefahrzeichen (4)

Ordne die Schilder in die richtige Gruppe ein.
Schreibe dazu in die Kreise die richtige Ziffer.

Name: ___

Silber-Prüfung — Generalprobe

❶ Schreibe auf, wie die drei fehlenden Teile des Fahrrads heißen.

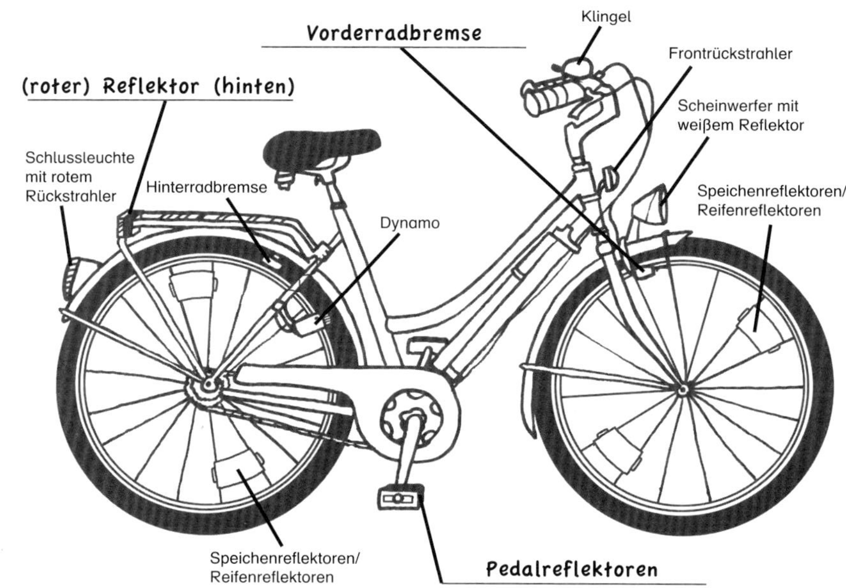

❷ Kreuze an, welche Aussagen zutreffen.

- ☐ Beim Radfahren reicht es aus, statt eines Fahrradhelms eine Mütze oder ein Cap zu tragen.
- ☐ Den Kinnriemen kann man wahlweise schließen oder geöffnet lassen.
- ☒ Die Ohren sollen vom Helm nicht bedeckt werden, damit man im Straßenverkehr gut hören kann.
- ☒ Beim Radfahren muss man immer einen Helm tragen.
- ☒ Ein Fahrradhelm sollte eine auffällige Farbe haben.

26 Kirstin Jebautzke: Führerschein: Verkehrserziehung © Persen Verlag, Buxtehude

Name: ___

Silber-Prüfung — Generalprobe

❸ Kreuze an, welche Bedeutung die Schilder für Radfahrer haben.

Hier **darf** ich mit dem Rad fahren.	✗			✗	
Hier **muss** ich mit dem Rad fahren.	✗			✗	
Hier **darf** ich **nicht** mit dem Rad fahren.		✗	✗		✗

❹ Kreuze an, welche Schilder die Vorfahrt regeln.

☒ ☐ ☒ ☐ ☒ ☒

❺ Kreuze an, in welchen Bildern der Radfahrer Vorfahrt hat.

A
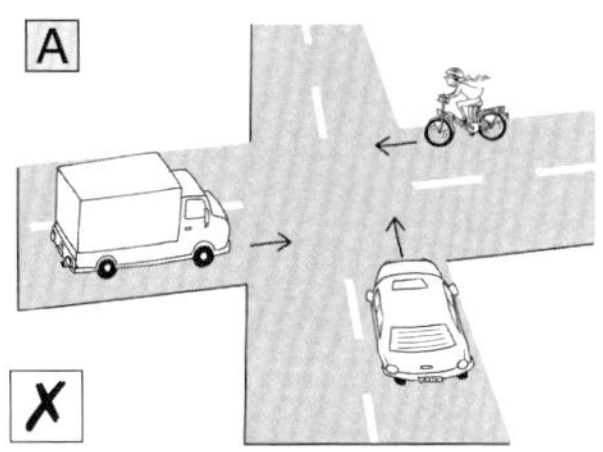
☒

B
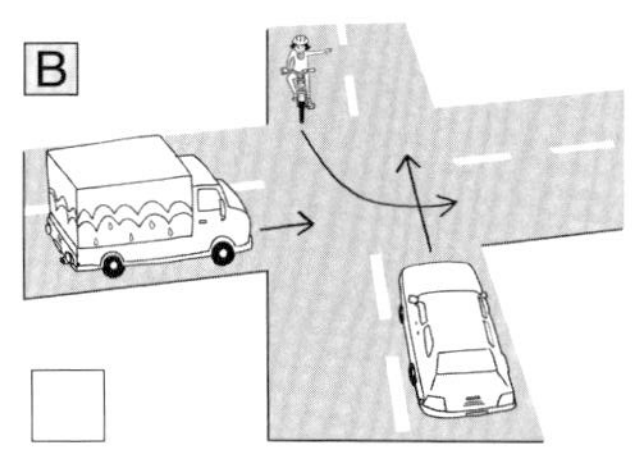
☐

C
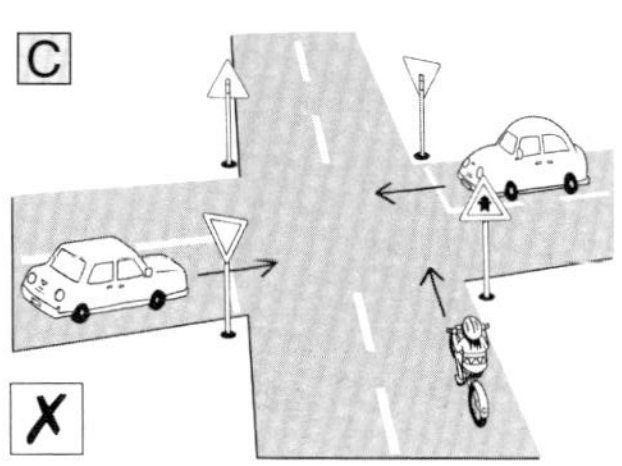
☒

D
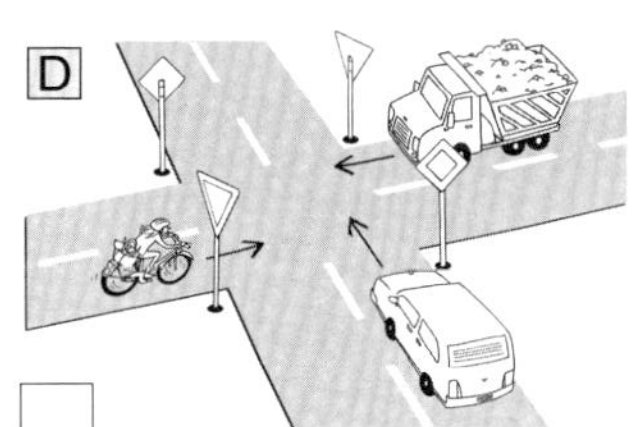
☐

Kirstin Jebautzke: Führerschein: Verkehrserziehung © Persen Verlag, Buxtehude 27

Name: ______________________

Silber-Prüfung

SILBER

❶ Schreibe auf, wie die drei fehlenden Teile des Fahrrads heißen.

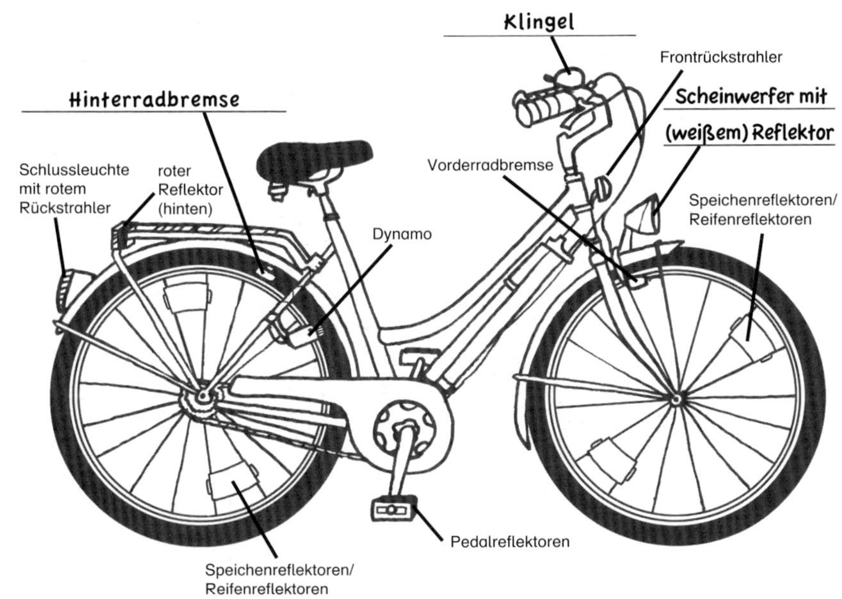

❷ Schreibe die Ziffern von 1–5 in der richtigen Reihenfolge an die Sätze.

So fährst du mit dem Fahrrad richtig los:

(2) Stelle das Fahrrad in Fahrtrichtung an den rechten Fahrbahnrand.

(4) Schau dich über die linke Schulter nach hinten um – alles frei? Gib mit der linken Hand Handzeichen.

(1) Schiebe das Fahrrad über den Gehweg. Achte dabei auf den Verkehr auf dem Fußgängerweg.

(5) Nimm beide Hände an den Lenker und fahre los, wenn die Fahrbahn frei ist. Halte deine Spur.

(3) Achte darauf, dass ein Pedal oben, das andere unten ist.

Name: ______________________

Silber-Prüfung

SILBER

❸ Kreuze an, welche Bedeutung die Schilder für Fußgänger haben.

Hier **darf** ich als Fußgänger gehen.	X	X			X
Hier **muss** ich als Fußgänger gehen.	X	X			
Hier **darf** ich **nicht** als Fußgänger gehen.			X	X	

❹ Trage die Ziffern ein, um die Schilder als Richtzeichen ①, Vorschriftzeichen ②, Verbotzeichen ③ oder Gefahrzeichen ④ zu kennzeichnen.

(3) (4) (2) (4) (3) (1) (2) (3)

❺ Kreuze an, in welchen Bildern der Radfahrer Vorfahrt hat.

A

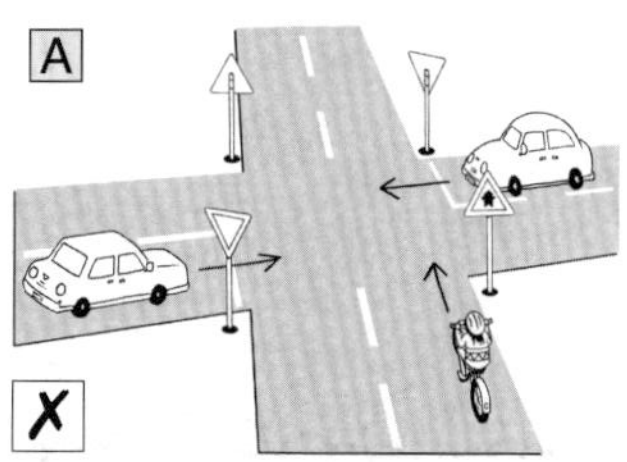

[X]

B

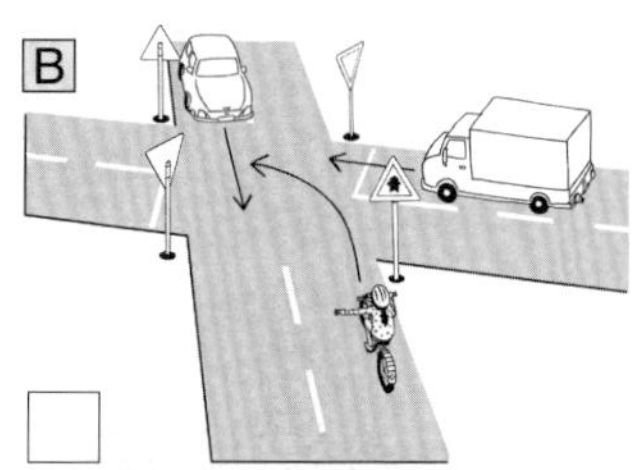

[ ]

C

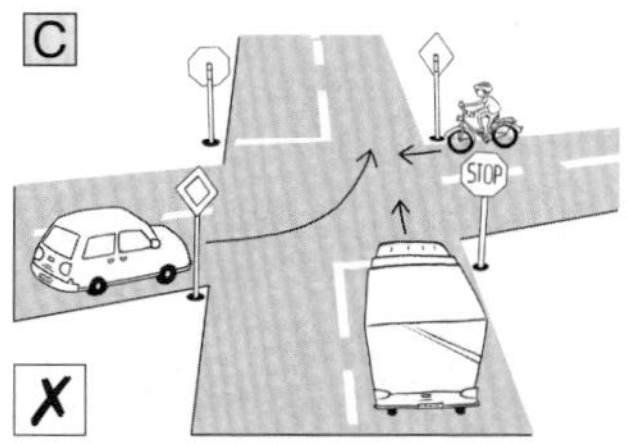

[X]

D

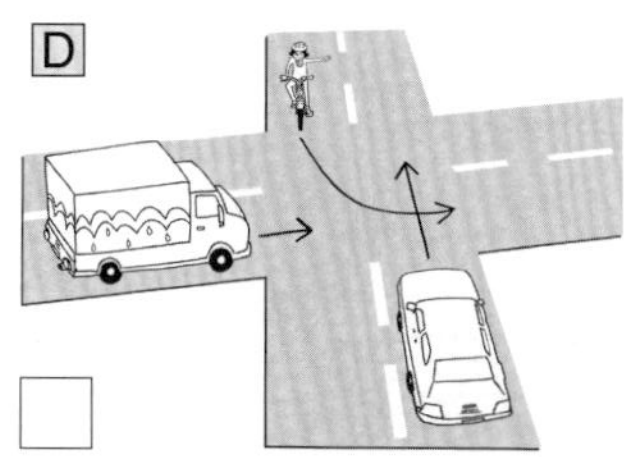

[ ]

Gold-Training (1)

Sicher nach rechts abbiegen

Kreuze die passende Aussage zu jedem Bild an.

- [ ] Du hast hier Vorfahrt. Deshalb kannst du einfach weiterfahren und musst nicht auf das Auto achten.
- [x] Du bist bremsbereit. Um sicher zu sein, dass der Autofahrer dich gesehen hat, nimmst du Blickkontakt auf.

- [ ] Du hast Vorfahrt, das Kind muss warten, bis du vorbeigefahren bist.
- [x] Du stoppst und wartest, bis die Fußgänger die Straße überquert haben.
- [ ] Du fährst mit deinem Fahrrad um die Kinder herum, denn dafür ist genug Platz.

- [ ] Du hast hier Vorfahrt. Das Auto muss warten.
- [x] Du bist bremsbereit. Vielleicht hat der Autofahrer dich nicht gesehen?
- [ ] Du hältst an und lässt das Auto abbiegen. Dann schiebst du dein Rad über die Straße und fährst dort auf dem Radweg weiter.

Gold-Training (2)

An Hindernissen vorbeifahren

Trage die Ziffern aus der Zeichnung an den richtigen Sätzen ein.

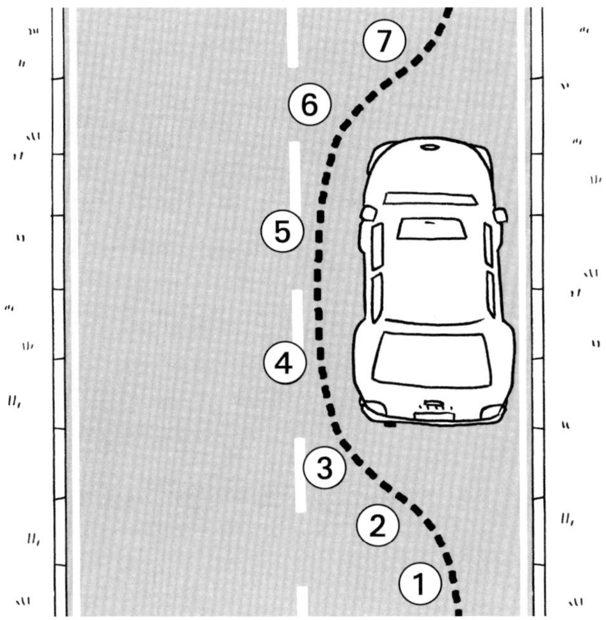

(3) Ich ordne mich nach links ein.
(4) Beim Vorbeifahren halte ich den Sicherheitsabstand ein. Der Sicherheitsabstand beträgt ungefähr 1 m.
(1) Zuerst schaue ich mich nach hinten links um.
(6) Sobald ich an dem Hindernis fast vorbei bin, schaue ich mich nach rechts um und gebe ein Handzeichen nach rechts.
(5) Ich beachte den Gegenverkehr, wenn ich zur Fahrbahnmitte komme.
(7) Am Ende ordne ich mich wieder rechts ein und setze meine Fahrt am rechten Fahrbahnrand fort.
(2) Dann gebe ich links ein Handzeichen.

Gold-Training (3)

Wege für das Rad

Verhält sich der Radfahrer richtig oder falsch?
Kreuze an.

X richtig / falsch

X richtig / falsch

X richtig / falsch

richtig / X falsch

X richtig / falsch

richtig / X falsch

richtig / X falsch

richtig / X falsch

Gold-Training (4)

Nach links abbiegen

Trage die Ziffern in die Zeichnung ein.

1. Noch einmal umsehen
2. Vorfahrt beachten
3. Handzeichen geben
4. Im großen Bogen links abbiegen
5. Umsehen
6. Gegenverkehr vorbeilassen
7. Rechts weiterfahren, dabei auf Fußgänger achten
8. Zur Mitte einordnen

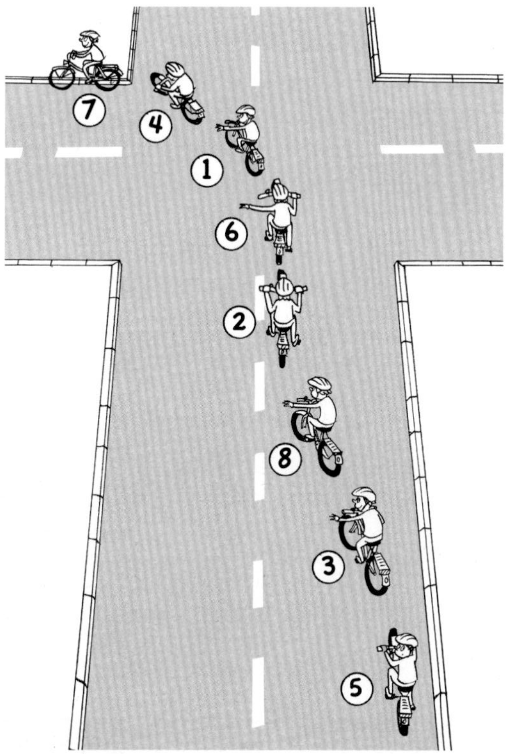

Gold-Training (5)

Kennst du die Verkehrszeichen?

Kreuze die richtige Erklärung an.

- [X] Radfahrer müssen hier auf Fußgänger Rücksicht nehmen.
- [ ] Radfahrer haben immer Vorrang, weil sie schneller sind.

- [X] Hier muss man Vorfahrt gewähren.
- [ ] Dieses Schild sagt, dass man Vorfahrt hat.

- [X] Fußgänger dürfen die Straße nutzen, Kinderspiele sind überall erlaubt.
- [ ] Radfahrer können hier Radrennen veranstalten.

- [ ] Dieses Schild gilt nicht für Radfahrer.
- [X] Einbahnstraßen dürfen nur in der vorgegebenen Richtung befahren werden.

- [X] Kreisverkehr: der Verkehr, der innerhalb des Kreises fährt, hat Vorfahrt.
- [ ] Karussell: wer am schnellsten im Kreis fahren kann, hat gewonnen.

- [ ] Der breite, schwarze Bogen zeigt den Verlauf der Vorfahrtstraße an.
- [X] Hier darf man nur nach links abbiegen oder geradeaus fahren.

Gold-Training (6)

Welches Schild fehlt hier?

Kreuze das richtige Schild an.

- [ ] 
- [X] 

- [X] 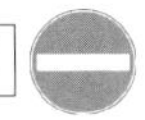
- [ ] 

- [ ] 
- [X] 

- [ ] 
- [X] 

- [ ] 
- [X] 

- [X] 

- [ ] 

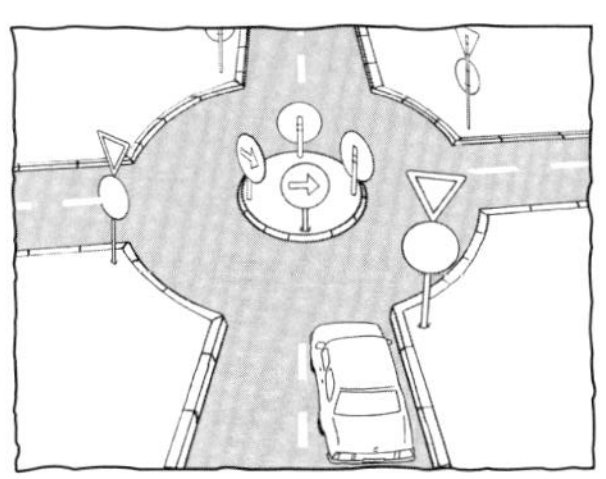

- [X] 
- [ ] 

- [ ] 

- [X] 

Gold-Training (7)

GOLD

Aufgepasst! Auf das richtige Verhalten kommt es an

Manchmal ist mehr als eine Antwort möglich.

Kreuze an, wie man sich in diesen Situationen richtig verhält.

A Es ist sehr, sehr stürmisch und regnerisch. Du bist auf dem Nachhauseweg.

- 1 Bei Sturm lasse ich mein Fahrrad stehen.
- 2 Ich fahre langsam auf meinem Fahrrad nach Hause.
- X Ich schiebe mein Fahrrad.

B Du benötigst heute in der Schule deine Schultasche und deinen Turnbeutel.

- 1 Ich lasse einige Schulsachen zu Hause, damit genug Platz für den Turnbeutel in der Schultasche ist.
- 2 Ich hänge meinen Turnbeutel an den Lenker.
- X Ich transportiere die Schultasche und den Turnbeutel auf dem Gepäckträger.

C Auf dem Radweg ist eine Baustelle.

- X Ich steige ab und schiebe mein Fahrrad an der Baustelle vorbei.
- 2 Ich fahre, ohne auf den Verkehr zu achten, an der Baustelle vorbei.
- 3 Ich drehe um und suche mir einen anderen Weg.

D Es ist Herbst und morgens auf dem Schulweg ziemlich dunkel.

- X Ich kontrolliere das Licht und die Reflektoren an meinem Fahrrad.
- X Ich befestige zusätzliche Reflektoren an meiner Jacke.
- 3 Ich lasse mich von meiner Mutter / meinem Vater mit dem Auto zur Schule fahren.

E Neben dem Radweg wird der Rasen gemäht und das abgeschnittene Gras liegt überall auf dem Weg. Du bist auf dem Nachhauseweg.

- X Ich fahre aufmerksam weiter, bin aber bremsbereit.
- 2 Ich fahre ganz schnell an dem Rasenmäher vorbei, damit mein Fahrrad nicht schmutzig wird.
- X Ich fahre sehr vorsichtig weiter, weil das Gras den Weg vielleicht rutschig gemacht hat.

F Der Radweg ist zu Ende. Um weiterfahren zu können, musst du auf die Straße wechseln.

- 1 Ich steige ab und schiebe mein Fahrrad weiter.
- X Ich benutze die Straße, nachdem ich mich nach hinten umgesehen und Handzeichen gegeben habe.
- X Ich sehe mich nach dem Verkehr auf der Straße um und fahre dann aufmerksam am rechten Straßenrand weiter.

Gold-Training (8)

GOLD

Zu Fuß, mit dem Auto, mit dem Fahrrad oder mit dem Bus?

Manchmal kannst du mehr als ein Feld ankreuzen.

Kreuze an, auf welches Verkehrsmittel die Aussage zutrifft.

Hier wird Benzin oder Diesel verbraucht, um vorwärts zu kommen.	☐	X	☐	X
Lärm produziert man bei dieser Fortbewegungsart fast gar nicht.	X	☐	X	☐
Es hält fit, allerdings ist man Wind und Regen ausgesetzt.	X	☐	X	☐
Man muss sich an vorgegebene Zeiten halten, um damit fahren zu können.	☐	☐	☐	X
Man benötigt breite Straßen und Parkplätze.	☐	X	☐	☐
Man benötigt dafür Muskelkraft.	X	☐	X	☐
Man ist zeitlich unabhängig.	X	X	X	☐
Wenn der Verkehr stockt oder ein Stau ist, kommt man nicht vorwärts.	☐	X	☐	X

Name: ____________________

Gold-Prüfung – Generalprobe

GOLD

❶ Du fährst an einem parkenden Auto vorbei.
Kreuze an, welche Aussagen zutreffen.

- [x] Du schaust dich nach hinten links um.
- [ ] Du klingelst laut, damit alle auch hören können, dass du das parkende Auto überholen willst.
- [x] Du gibst links ein Handzeichen und ordnest dich auf der Fahrbahn nach links ein, wenn die Straße dafür frei ist.
- [ ] Du schaust beim Vorbeifahren ins Auto, um zu kontrollieren, dass auch alles in Ordnung ist.
- [x] Du achtest auf den Gegenverkehr, wenn du zur Fahrbahnmitte kommst.
- [x] Beim Vorbeifahren hältst du einen Sicherheitsabstand von ungefähr 1 m ein.
- [x] Sobald du an dem Auto fast vorbei bist, schaust du dich nach rechts um und gibst ein Handzeichen nach rechts.
- [ ] Wenn Fußgänger auf dem Fußgängerweg gehen, winkst du ihnen fröhlich zu.
- [x] Wenn du an dem parkenden Auto vorbeigefahren bist, ordnest du dich wieder rechts ein und setzt deine Fahrt am rechten Fahrbahnrand fort.

❷ Trage die Ziffern ein, um die Schilder als Richtzeichen ①, Vorschriftzeichen ②, Verbotzeichen ③ oder Gefahrzeichen ④ zu kennzeichnen.

Name: ____________________

Gold-Prüfung – Generalprobe

GOLD

❸ Kreuze an, womit du in diesen Situationen rechnen musst.

- [ ] Es kann nichts passieren, der Radfahrer hat Vorfahrt.
- [x] Der Autofahrer hat dich nicht gesehen und biegt ab.
- [ ] Der Autofahrer fährt geradeaus weiter.

- [ ] Es kann nichts passieren. Das Auto parkt.
- [ ] Der Radfahrer fährt zurück an den Straßenrand.
- [x] Der Autofahrer öffnet die Tür und gefährdet damit den Radfahrer.

❹ Wer hat hier Vorfahrt?
Trage die Ziffern von 1–3 ein.

A

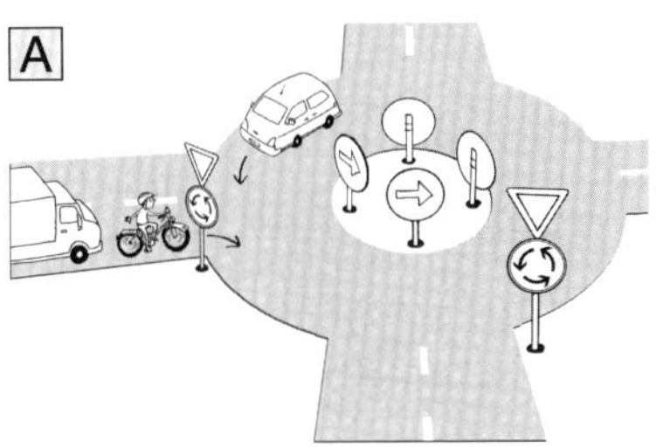

(2) Radfahrer (3) LKW (1) Auto

B

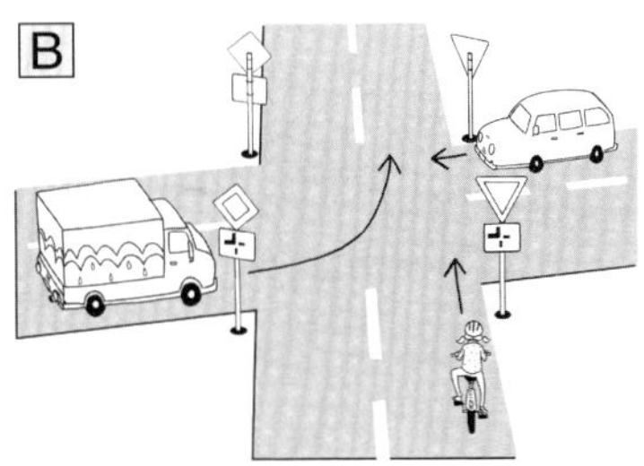

(3) Radfahrer (1) LKW (2) Auto

Name: ______________________ GOLD

Gold-Prüfung

❶ Kreuze an, welche Aussagen zutreffen.

- [ ] Im Sommer kann man beim Radfahren auf einen Helm verzichten, weil es zu heiß dafür ist.
- [x] Einbahnstraßen dürfen nur in der vorgegebenen Richtung befahren werden.
- [x] Wird an einer Kreuzung die Vorfahrt nicht durch Verkehrsschilder geregelt, gilt die Regel „rechts vor links“.
- [ ] Schwarz ist eine Modefarbe, und deshalb sollten möglichst alle Verkehrsteilnehmer schwarz tragen – schließlich sollen sie gut aussehen!
- [x] Auf einem gemeinsamen Fußgängerweg und Radweg müssen die Radfahrer auf die Fußgänger Rücksicht nehmen.
- [x] Man sollte nie ohne Helm Fahrrad fahren.
- [x] Im Kreisverkehr haben die Verkehrsteilnehmer Vorfahrt, die innerhalb des Kreises fahren.
- [ ] Wenn ein Fahrrad mit allen Rückstrahlern ausgestattet ist, müssen kein Scheinwerfer und keine Schlussleuchte montiert sein.

❷ Bestimme, welche Aussagen für die Positionen 3, 5 und 7 zutreffen.

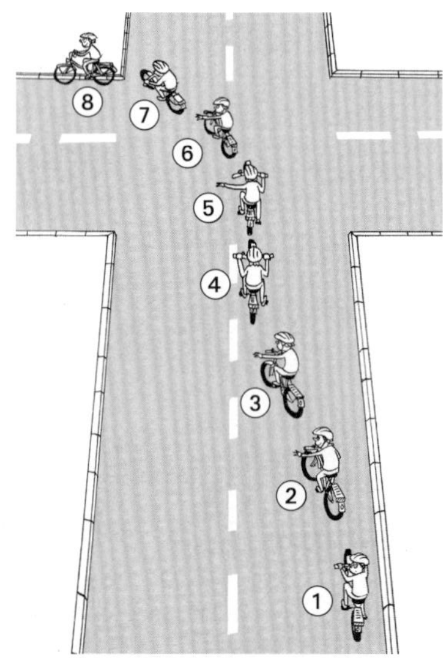

7
Auf Fußgänger achten
Handzeichen geben
Im großen Bogen links abbiegen

5
Gegenverkehr vorbeilassen
Rechts weiterfahren
Umsehen

3
Umsehen
Handzeichen geben
Vorfahrt beachten

40 Kirstin Jebautzke: Führerschein: Verkehrserziehung © Persen Verlag, Buxtehude

Name: ______________________ GOLD

Gold-Prüfung

❸ Verbinde die Verkehrszeichen mit der passenden Beschreibung.

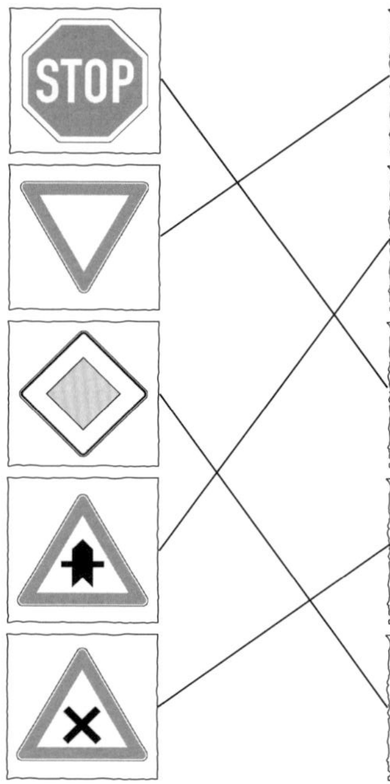

- Dieses Schild vor Kreuzungen oder Einmündungen fordert dazu auf, den anderen Verkehrsteilnehmern Vorfahrt zu gewähren.
- Dieses Schild gibt an der nächsten Kreuzung oder Einmündung Vorfahrt, das heißt, die anderen Verkehrsteilnehmer müssen warten.
- Dieses Schild steht an Kreuzungen oder Einmündungen. Es bedeutet: Unbedingt an der Haltelinie anhalten!
- Dieses Schild bedeutet, dass an der nächsten Kreuzung oder Einmündung der Verkehr, der von der rechten Seite kommt, Vorfahrt hat.
- Dieses Zeichen gibt Vorfahrt. Es steht am Anfang einer Vorfahrtstraße und dann an jeder Kreuzung oder Einmündung und gilt so lange, bis es durch das Schild „Ende der Vorfahrtstraße“ aufgehoben wird.

❹ Wer hat hier Vorfahrt? Trage die Ziffern von 1–3 ein.

A

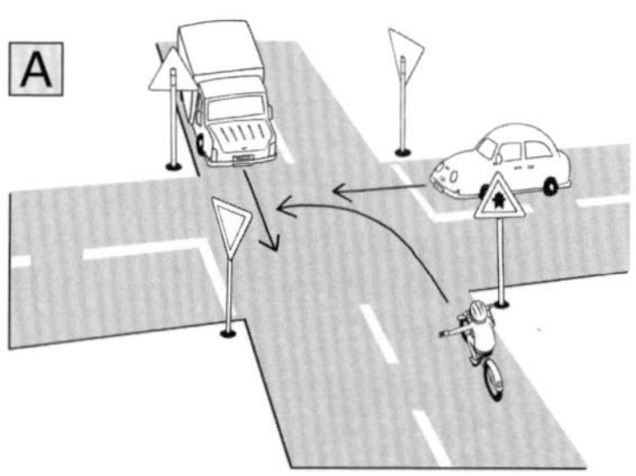

(2) Radfahrer (1) LKW (3) Auto

B

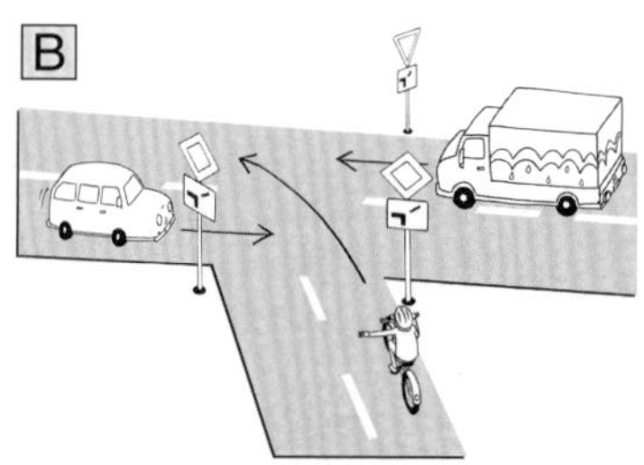

(1) Radfahrer (2/3) LKW (3/2) Auto

Kirstin Jebautzke: Führerschein: Verkehrserziehung © Persen Verlag, Buxtehude 41

Bildquellenverzeichnis

Verkehrsschilder:
http://de.wikipedia.org/wiki/Bildtafel_der_Verkehrszeichen_in_Deutschland

Bronze-Prüfung bestanden

____
Datum/Unterschrift

Silber-Prüfung bestanden

____
Datum/Unterschrift

Gold-Prüfung bestanden

____
Datum/Unterschrift

Bronze-Prüfung bestanden

____
Datum/Unterschrift

Silber-Prüfung bestanden

____
Datum/Unterschrift

Gold-Prüfung bestanden

____
Datum/Unterschrift

Bronze-Prüfung bestanden

Datum/Unterschrift

Silber-Prüfung bestanden

Datum/Unterschrift

Gold-Prüfung bestanden

Datum/Unterschrift

Bronze-Prüfung bestanden

Datum/Unterschrift

Silber-Prüfung bestanden

Datum/Unterschrift

Gold-Prüfung bestanden

Datum/Unterschrift

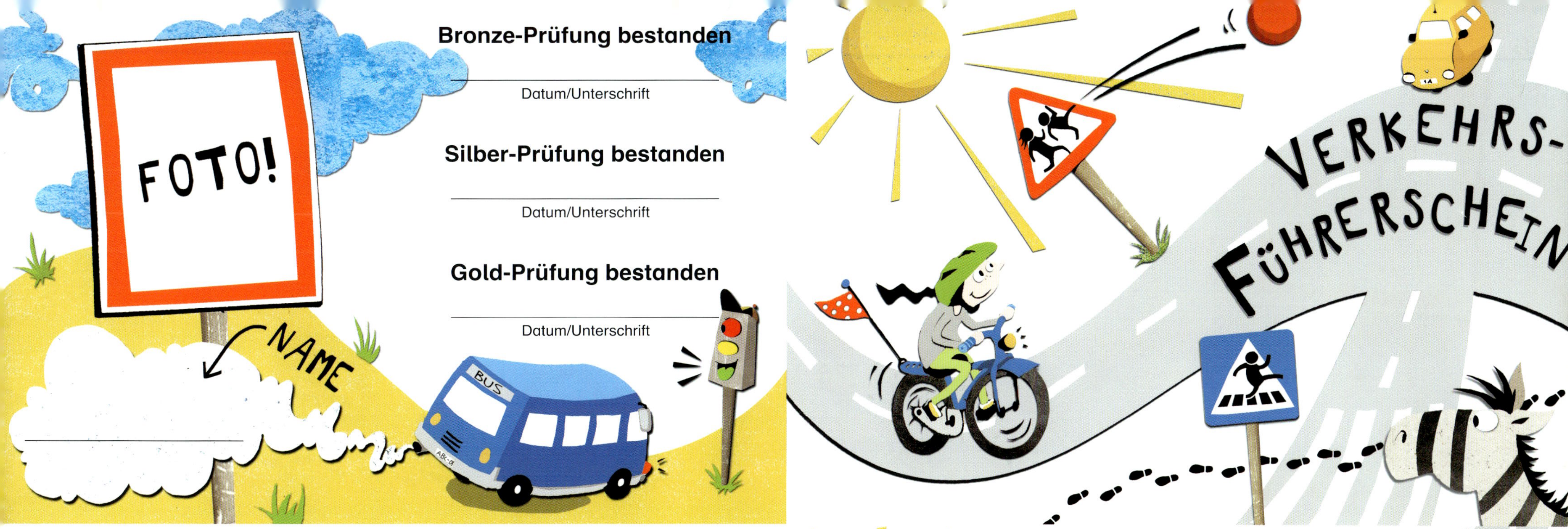
FOTO!
NAME
Bronze-Prüfung bestanden
Datum/Unterschrift
Silber-Prüfung bestanden
Datum/Unterschrift
Gold-Prüfung bestanden
Datum/Unterschrift
BUS
VERKEHRS-
FÜHRERSCHEIN

FOTO!
NAME
Bronze-Prüfung bestanden
Datum/Unterschrift
Silber-Prüfung bestanden
Datum/Unterschrift
Gold-Prüfung bestanden
Datum/Unterschrift
BUS
VERKEHRS-
FÜHRERSCHEIN

Bronze-Prüfung bestanden

Datum/Unterschrift

Silber-Prüfung bestanden

Datum/Unterschrift

Gold-Prüfung bestanden

Datum/Unterschrift

FOTO!
NAME
BUS
Bronze-Prüfung bestanden
Datum/Unterschrift
Silber-Prüfung bestanden
Datum/Unterschrift
Gold-Prüfung bestanden
Datum/Unterschrift

VERKEHRS-
FÜHRERSCHEIN

Bronze-Prüfung bestanden

Datum/Unterschrift

Silber-Prüfung bestanden

Datum/Unterschrift

Gold-Prüfung bestanden

Datum/Unterschrift

Bronze-Prüfung bestanden

Datum/Unterschrift

Silber-Prüfung bestanden

Datum/Unterschrift

Gold-Prüfung bestanden

Datum/Unterschrift

Bronze-Prüfung bestanden

Datum/Unterschrift

Silber-Prüfung bestanden

Datum/Unterschrift

Gold-Prüfung bestanden

Datum/Unterschrift

Bronze-Prüfung bestanden

Datum/Unterschrift

Silber-Prüfung bestanden

Datum/Unterschrift

Gold-Prüfung bestanden

Datum/Unterschrift